OM
AN

INSIDER-TIPP
Deine Abkürzung
ins Erleben!

Reisen mit MARCO POLO
Insider-Tipps

MARCO POLO TOP-HIGHLIGHTS

SULTAN-QABOOS-MOSCHEE ⭐1
Die größte und schönste Moschee des Sultanats
📷 *Tipp: Steht an den vier Eckminaretten eine Tür offen? Dann nutz die Chance für ein Foto des Hofs der Moschee.*

➤ S. 54, Muscat & Capital Area

SOUK VON MUTRAH ⭐2
Hier wird zwar auch Nippes vertickt, aber Du musst ja nicht selber shoppen. Schau ruhig in die Seitengassen und beobachte, was die Omanis so kaufen.

➤ S. 50, Muscat & Capital Area

RIYAM ROAD ⭐3
Die hinreißende Aussicht von der ältesten Straße Omans solltest du dir nicht entgehen lassen.
📷 *Tipp: Die Lichter der Altstadt sind ein famoses Nachtmotiv.*

➤ S. 49, Muscat & Capital Area

FESTUNG AL HAZM ⭐4
Reise in die Vergangenheit per Audio und Video mit allem technischen Drum und Dran: Omans eindrucksvollste Festung!

➤ S. 66, Der Norden & Landesinneres

SUMHURAM ⭐5
Weihrauch hat die uralte Hafenmetropole reich gemacht. Zwischen den Ruinen und im Museum werden 1500 Jahre omanische Geschichte lebendig.

➤ S. 100, Der Süden & Rub al-Khali

DHAUWERFTEN SUR ⭐8
Im würzigen Duft von Teakholz wird die alte Handwerkskunst des Bootsbaus am Leben erhalten.
📷 *Tipp: Vom Felsen gegenüber, neben der Hängebrücke, gelingen dir besondere Bilder auf Werft und Buchteingang.*

➤ S. 82, Der Norden & Landesinneres

FESTUNG JABRIN ⭐9
Schöner wohnen auf arabisch: Prächtiger geschmückt kommt keine andere Wohnfestung des Landes daher (Foto).
📷 *Tipp: Von der Zufahrtsstraße bietet sich eine tolle Gesamtansicht.*

➤ S. 77, Der Norden & Landesinneres

TAGESFAHRT MIT DER DHAU ⭐
Und wenn du alles andere verpasst – die Fahrt mit dem traditionellen Segler durch die Fjorde Musandams ist eine Erinnerung fürs Leben!

➤ S. 112, Musandam

MISFAT AL ABRIYYIN ⭐10
Die friedliche kleine Oase schmiegt sich mit ihren filigranen Terrassenfeldern in die raue Bergwelt.
📷 *Tipp: Stell dich beim Sonnenuntergang an den Berghang gegenüber der Oase – so bekommst du sie ins beste Licht gerückt.*

➤ S. 74, Der Norden & Landesinneres

MUSEUM BAIT AL-SAFAH ⭐
Ein sprichwörtlich lebendiger Blick in den Alltag, der vor Jahrhunderten im Sultanat herrschte

➤ S. 74, Der Norden & Landesinneres

INHALT

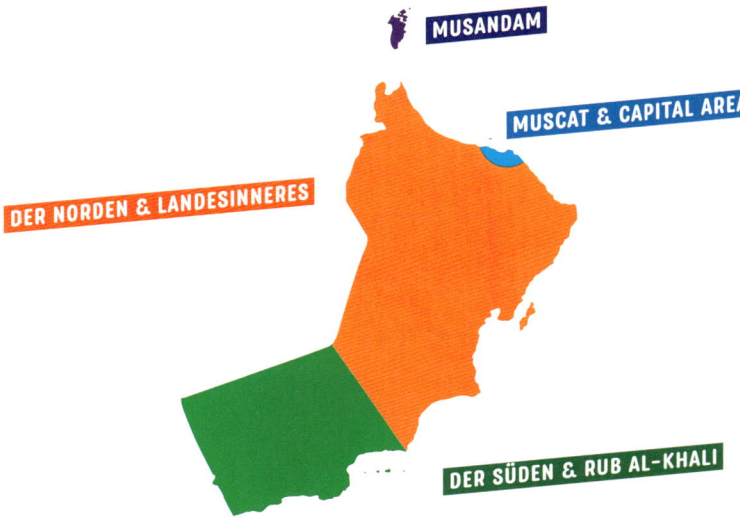

38	**DIE REGIONEN IM ÜBERBLICK**		

40	**MUSCAT & CAPITAL AREA**
Altstadt Muscat	44
Rund um die Altstadt	48
Mutrah	49
Rund um Mutrah	52
Qurum, al-Khuwair & Baushar	52
Rund um Qurum, al-Khuwair & Baushar	57

58	**DER NORDEN & LANDESINNERES**
Barka	62
Rund um Barka	64
Nizwa	68
Rund um Nizwa	72
Ibra	79
Rund um Ibra	80
Sur	82
Rund um Sur	84

88	**DER SÜDEN & RUB AL-KHALI**
Salalah	92
Rund um Salalah	99

106	**MUSANDAM**
Khasab	110
Rund um Khasab	113

INHALT

MARCO POLO TOP-HIGHLIGHTS
2 Die 10 besten Highlights

DAS BESTE ZUERST
10 ... bei Regen
11 ... Low-Budget
12 ... mit Kindern
13 ... typisch

SO TICKT OMAN
16 Entdecke Oman
19 Auf einen Blick
20 Oman verstehen
23 Klischeekiste

ESSEN, SHOPPEN, SPORT
28 Essen & Trinken
32 Shoppen & Stöbern
34 Sport

MARCO POLO REGIONEN
38 ... im Überblick

ERLEBNISTOUREN
116 Oman perfekt im Überblick
121 Batinah, Burgen und Berge
123 Luftige Höhen und tiefe Schluchten
126 Das Wadi und die Wüste

GUT ZU WISSEN

128 **DIE BASICS FÜR DEINEN URLAUB**
Ankommen, Weiterkommen, Im Urlaub, Feste & Events, Notfälle, Wettertabelle

136 **SPICKZETTEL ENGLISCH**
Nie mehr sprachlos

138 **URLAUBSFEELING**
Bücher, Filme, Musik & Blogs

140 **TRAVEL PURSUIT**
Das MARCO POLO Urlaubsquiz

142 **REGISTER & IMPRESSUM**

144 **BLOSS NICHT!**
Fettnäpfchen und Reinfälle vermeiden

◎ Besuch planen
€-€€€ Preiskategorien
(*) Kostenpflichtige Telefonnummer
🍴 Essen/Trinken
🛍 Shoppen
🍸 Ausgehen
🌴 Top-Strände

(🗺 A2) Herausnehmbare Faltkarte
(🗺 a2) Zusatzkarte auf der Faltkarte
(0) Außerhalb des Faltkartenausschnitts

BESSER PLANEN MEHR ERLEBEN!

Digitale Extras
go.marcopolo.de/app/oma

MARCO POLO
DIGITALE EXTRAS

DIGITAL NOCH MEHR ERLEBEN

Schneller in Urlaubslaune kommen.

Perfekt organisiert sein – vor, während und nach dem Urlaub.

Mit der MARCO POLO Touren-App und unseren digitalen Angeboten.

Noch mehr Trendziele, Inspiration und aktuelle Infos findest du auf **marcopolo.de**

Werde Teil unserer Reise-Community und folge uns auf **Instagram** und **Facebook!**

SO EINFACH GEHT'S

1. Website besuchen
2. Die digitale Welt von MARCO POLO entdecken
3. App runterladen und ab in den Urlaub

Alle Infos zum digitalen Angebot unter **marcopolo.de/app**

DAS BESTE ZUERST

Spiegel des Glaubens: Sultan-Qaboos-Moschee in Muscat

BEST OF
BEI HITZE

SCHÖN, AUCH WENN ES HEISS IST

SCHWARZES GOLD
Wie gefährlich die Arbeit und die Abhängigkeit vom Rohstoff Öl ist, wissen die wenigsten. Dabei gibt's zu diesem Thema spannende und vor allem klimatisierte Museen wie das *PDO – Museum & Planetarium*.
➤ S. 52, Muscat & Capital Area

KRIMINELLES AMBIENTE
Irgendwie fühlt man sich in der opulent gestalteten und wohltemperierten Lobby des Grand Hyatt Muscat wie in einem Orientkrimi von Agatha Christie. Frag an der Rezeption doch mal nach Hercule Poirot und den Kellner in der *John Barry Bar* nach einem kühlen Saft oder Cocktail.
➤ S. 57, Muscat & Capital Area

ERFRISCHENDES ABENTEUER IM HAJAR-GEBIRGE
Die kühle Bergluft und eine frische Brise in 2000 m Höhe bringen den Geist auf Trab und ermuntern zur Bewegung an spektakulären Hängen. Wie wär's mit einer leichten Wanderung am *Jebel Akhdar*? (Foto)
➤ S. 73, Der Norden & Landesinneres

GECHILLT SHOPPEN IM MALL-SCHATTEN
In der *Gardens Mall* in Salalah kannst du mit der omanischen Jugend chillen, ein Eis verhaften, mit einem Cappuccino die Lebensgeister wecken oder schauen, welches neue Mobiltelefon zum alten Bikini passt (umgekehrt wär's günstiger …).
➤ S. 97, Der Süden & Rub Al-Khali

AB UNTER DIE ERDE FÜR EIN KÜHLES KÖPFCHEN
Also, die Stalaktiten hängen von oben herab und die Stalagmiten wachsen von unten … oder ist es doch eher umgekehrt? In der *Al-Hoota-Höhle* gibt's beide, und bei kühlem Kopf erinnerst du dich auch wieder!
➤ S. 73, Der Norden & Landesinneres

BEST OF 💰
LOW-BUDGET

FÜR DEN KLEINEN GELDBEUTEL

OLFAKTORISCHE KRÖNUNG
„Amouage" gehört zu den teuersten Parfüms der Welt, denn es beinhaltet die edelsten Essenzen Omans und wird in wertvollen Flakons aus Bleikristall verkauft. Eine Führung im Besuchszentrum der *Parfümerie Amouage* ist kostenlos und es gibt Pröbchen.
➤ S. 57, Muscat & Capital Area

HANDWERKSKUNST AUS DEM GEDÄCHTNIS
Die alten Holzschiffe auf den *Dhauwerften in Sur* werden aus dem Kopf heraus gebaut, Pläne oder Skizzen gibt es keine. Dass die Dhaus trotzdem gelingen, davon kann man sich auf dem Werftgelände selbst überzeugen – kostenlos. (Foto)
➤ S. 82, Der Norden & Landesinneres

AUCH IM SOUK GEHT PROBIEREN ÜBER STUDIEREN
Achtung, Datteln! Auf dem *Nizwa Souk* solltest du dir die Chance nicht entgehen lassen und naschen. Hast du deine Lieblingssorte gefunden, musst du aber auch kaufen.
➤ S. 71, Der Norden & Landesinneres

HARMONISCHE BAUPRACHT
Du musst dich nur dezent kleiden, dann kannst du die Schönheit der *Sultan-Qaboos-Moschee* in Muscat genießen – und zwar bei freiem Eintritt! Hier sind die architektonischen Stilelemente Omans mit den schönsten Farben, Designs und Dekoren der arabischen Welt vereint.
➤ S. 54, Muscat & Capital Area

WUNDER DER NATUR
Oman ist in weiten Teilen ein Wüstenstaat und gerade deshalb überraschen Pracht und Vielfalt seiner Pflanzen. Einen kostenlosen Überblick erhält man im *Botanischen Garten des Naturhistorischen Museums*, inklusive des berühmten Weihrauchbaums
➤ S. 54, Muscat & Capital Area

BEST OF
MIT KINDERN

SPANNENDES FÜR GROSS & KLEIN

HALLO FLIPPER!
Natürlich kann man nicht sicher sein, dass man bei einer *Dolphin Tour* auch wirklich einem Delfin begegnet. Aber die Chancen sind in den fischreichen Gewässern Omans riesig – und eine morgendliche Ausfahrt mit dem Boot ist auf jeden Fall ein Abenteuer! (Foto)
➤ S. 98, Der Süden & Rub al-Khali

AUSPROBIEREN ERWÜNSCHT
Der Name des *Kindermuseums* ist etwas irreführend: Hier werden physikalische Phänomene spielerisch dargestellt – und selbst Erwachsene lernen durchaus noch etwas dazu.
➤ S. 53, Muscat & Capital Area

HOCH ZU HÖCKER
Mehrere Camps in der *Wahiba-Wüste* bieten Kindern (meist kostenlos) die Möglichkeit an, mal wie ein Wüstenforscher „hoch zu Höcker" über den Sand zu reiten – ein ganz besonderes Erlebnis, vor allem wenn die Tiere sich aus ihrer Liegeposition erheben. Sehr schön ist ein solcher Ausflug etwa bei der Beduinenfamilie von Rashid Al-Mughairy im Nomadic Desert Camp oder im 1000 Nights Camp.
➤ S. 81, Der Norden & Landesinneres

TREFFEN MIT DEN DINOS
Beim alljährlich im Frühjahr stattfindenden *Muscat Festival* sind viele Veranstaltungen extra für Kinder wie zum Beispiel Gesangswettbewerbe, ein Theaterpavillon, ein Dino-Park oder gleich ein ganzes Familiendorf. Da dürfen die Eltern natürlich auch rein.
➤ S. 131, Muscat & Capital Area

ABTAUCHEN UND STAUNEN
Im erst vor wenigen Jahren in der Mall of Muscat eröffneten *Aquarium* tummeln sich nicht nur Haie, Rochen, Meeresschildkröten und bunte Tropenfische, sondern auch Chamäleons, Schlangen – und Pinguine.
➤ S. 57, Muscat & Capital Area

BEST OF
TYPISCH

DAS ERLEBST DU NUR HIER

FRÖHLICHES GEFEILSCHE
In Zeiten von Supermärkten ist der *Viehmarkt von Nizwa,* auf dem Verkäufer – lautstark ihre Preisvorstellung rufend – Ziegen, Rinder oder Schafe durch den Kreis der Interessenten führen, eine lebendige Reminiszenz an längst vergangene Zeiten. (Foto)
➤ S. 71, Der Norden & Landesinneres

RUINENRUNDGANG
Das alte Dorf *Tanuf* zu Füßen des mächtigen Jebel Akhdar ist ein typisches Beispiel für die historische Lehmarchitektur und Wohnkultur dieser Region.
➤ S. 72, Der Norden & Landesinneres

ÜBER STOCK UND STEIN, DURCH WASSER UND (PALMEN)WALD
Das *Wadi Shab* mit seinen ausgewaschenen Felsblöcken und fruchtbaren Palmengärten ist nicht nur ein eindrucksvolles Beispiel für die leuchtend grünen Trockentäler Omans. wenn du deine Wanderschuhe schnürst, wartet hier auch eins der schönsten Naturerlebnisse des Sultanats.
➤ S. 85, Der Norden & Landesinneres

FRESKEN IM WOHNSCHLOSS
Eine martialische Festung mit dunklen Verliesen und kahlen Wänden? So wollte Bilarub bin Sultan nicht leben und schmückte sein *Wohnschloss Jabrin* mit Fresken und Deckenmalereien, die in Arabien ihresgleichen suchen.
➤ S. 77, Der Norden & Landesinneres

AUG' IN AUG' MIT DEN FRAUEN
Arabische Frauen leben schüchtern hinter Mauern? *Wallahi*, bei Allah – dann erlebe beim Kauf wohlriechender Essenzen auf dem *Weihrauchmarkt in Salalah*, wie selbstbewusst einheimische Frauen in ihren Läden den Kunden mit einem freundlichen Lächeln unter der Gesichtsmaske alles Wissenswerte erzählen.
➤ S. 97, Der Süden & Rub Al-Khali

SO TICKT OMAN

Im Dünenmeer der Wahiba-Wüste haben Kamele Heimvorteil

ENTDECKE OMAN

Doll, diese Doline: Im Hawiyat Najm Park badet's sich prima im Türkisgrünen

Auf den ersten Blick scheinen sich in diesem arabisch-islamischen Land alle Klischees aufs Passendste zu bestätigen. Doch Oman ist anders, ist schon immer seinen eigenen Weg gegangen, und das spürst du bei jeder Begnung mit seinen aufgeschlossenen Menschen – sei es in der Weite der Wüste, an den famosen Sandtränden oder in einem der bezaubernden Bergdörfer.

EIN KAMEL AM STRASSENRAND

Doch zuerst zum ersten Blick. Der fällt meistens aus dem Flugzeug aufs Meer, gesäumt von Palmen, Minaretten, weißen Würfelhäusern und den kahlsten aller Berge, die in jeder Schattierung von Braun die Hauptstadt vom endlosen Sandmeer mit dem bezeichnenden Namen „Leeres Viertel" abgrenzen. Später dann

2700 – 1800 v.Chr.
Das antike Reich Magan (heute Oman) exportiert Kupfer nach Mesopotamien

ca. 200 n.Chr.
Einwanderung der arabischen Urbevölkerung

um 620 n.Chr.
Islamisierung Omans

1507 – 1650
portugiesische Besetzung

1650 – 1718
Al-Ya'aruba-Dynastie, Bau der wichtigsten Festungen

1805 – 1856
Größte Ausdehnung Omans; Insel Sansibar Regierungssitz

1958 – 1959
Aufstand am Jebel Akhdar

SO TICKT OMAN

auf dem Weg ins Hotel, entlang der sauberen Straßen mit ihren bunt blühenden Seitenstreifen, die so gar nicht dem althergebrachten Bild vom trockenen „Wüstenstaat" entsprechen, großes Staunen: „War das nicht eben ... ein Kamel? Direkt am Straßenrand?" Willkommen in Oman!

MAN TRÄGT BUNT

Zeit für den zweiten Blick: auf den Sonderweg, den Oman im Vergleich zu seinen arabischen Nachbarn eingeschlagen hat. Erstes (sichtbares) Zeichen ist die Kleidung der Männer. Sie tragen zwar auch das bekannte knöchellange Gewand *(dishdasha)*, aber eben nicht nur in Weiß, wie gewohnt, sondern in fast allen Farben des Regenbogens. Das Bunte setzt sich bei den fein gewebten Kopftüchern *(massaar)* fort, die mit eleganten Stickereien verziert sind. Doch mag die Kleidung auch traditionell sein – das Leben ist modern geworden, das unterscheidet Oman keineswegs von den nahen Vereinigten Arabischen Emiraten (VAE). Lehmhäuser und Kamele sind lange schon durch klimatisierte Residenzen und Geländewagen ersetzt worden, nicht nur in der Hauptstadt.

GRANDIOSE LANDSCHAFTEN WARTEN AUF ENTDECKUNG

Trotzdem musst – und darfst – du natürlich nicht alle Traumbilder des Orients über Bord werfen. In vielen Dörfern und Städten auf dem Land werden wuselnde Wochenmärkte wie seit Jahrhunderten abgehalten, werden Kamele, Ziegen und Rinder versteigert, und jeden Freitag trifft man sich zum Mittagsgebet in der

1965 – 1975 Dhofarkrieg

1970 Sultan Qaboos löst seinen Vater ab

2011 Arabischer Frühling; mehr Mitspracherecht für Volksvertretung

2013 Eröffnung der spektakulären Straße durchs Dhofargebirge

2019 Beginn der Neugestaltung in Mutrah, Eröffnung des Muscat Aquariums

2020 Sultan Qaboos stirbt, Nachfolger wird sein Cousin Haitham bin Tariq

Moschee. Oft finden sich neben neuen Ortsteilen noch die alten, verlassenen Viertel mit den erhabenen Lehmbauten samt verwitterten Holztüren und geschnitzten Fensterrahmen. Traumbilder wie aus – pardon, aber manchmal passen die Klischees eben einfach perfekt! – „Tausendundeiner Nacht" erlebst du auch in der spektakulären Natur des Landes, deren Lockruf du dich nicht entziehen kannst. Mindestens eins der grünen Täler *(wadis)* des Hajargebirges mit ihren kühlen Schatten unter eng stehenden Felswänden und dem Plätschern von Bewässerungskanälen solltest du hinaufgewandert sein. Ebenso wie in die raue, karge Gipfelwelt des Hajar, jener Bergkette, die Omans Nordostküste auf ganzer Länge begleitet (und die du auch mit einem Geländewagen erkunden kannst). In Musandam hoch oben im Nordosten taucht das Gebirge dann direkt ins Meer und bildet traumschöne Fjorde. Verpass bloß nicht, was die omanische Exklave berühmt gemacht hat: eine Fjordfahrt mit jenen hölzernen Schiffen *(dhaus),* mit denen die Omanis ab dem 8. Jh. den Indischen Ozean beherrschten und erfolgreich Handel mit Indien, China und Afrika trieben. Im Südwesten, nahe der Grenze zu Jemen, zeigt Oman wieder ein anderes Gesicht: ein karibisches, mit vielen neuen und gerade entstehenden Hotelresorts an herrlichen Sandstränden. Wenn das Öl nicht mehr sprudelt, sollen die Touristen kommen – und das tun sie schon jetzt, sogar wenn es regnet: Wenn der Südwestmonsun von Ende Juni bis Anfang September an den Berghängen Salalahs seine feuchte Fracht ablädt und das sandgelbe Land grün anmalt, tanzen wüstenmüde Araber aus den Nachbarstaaten im Regen.

ÜBERSICHTLICHE GESCHICHTE

Die Omanis waren übrigens so nett, ihre schönsten Festungen innerhalb eines knappen Jahrhunderts zu errichten, da musst du nicht so viel Geschichte büffeln. Die ist ohnehin übersichtlich, im Vergleich zu anderen Ländern wie Ägypten oder Syrien. Es gab die Jolanda-Könige, dann ein portugiesisches Gastspiel von 150 Jahren und einen 26-jährigen Bürgerkrieg im 18. Jh., später eine Zeit, in der Sansibar, dessen Gewürznelken enorme Gewinne abwarfen, ein paar Jahre Regierungssitz war – und das Jahr 1970, in dem Sultan Qaboos sein Amt antrat und Jahrzehnte entwicklungstechnischen Stillstands beendete. Die omanische Renaissance, sie war der behutsame und umsichtige Aufbruch in die Moderne. Dafür zollte die Bevölkerung dem Sultan, der 2020 starb, höchsten Respekt, denn sie bekam Schulen, Straßen, Krankenhäuser. Und junge Mädchen die Möglichkeit, eine Ausbildung zu absolvieren, ohne die traditionellen Werte über Bord werfen zu müssen. Kaum etwas unterscheidet sie von Frauen aus westlichen Kulturen, die nur beim Besuch einer Moschee ein Kopftuch tragen. Ansonsten können sie sich problemlos allein im Land bewegen! Wie überhaupt das Reisen sehr unkompliziert ist. Die Hotels sind toll, die Verkehrsschilder zweisprachig, die Straßen exzellent – da musst du eigentlich nur aufpassen, dir keinen Sonnenbrand zu holen. Und das geht schnell, bei 300 Sonnentagen im Jahr.

SO TICKT OMAN

AUF EINEN BLICK

5.107.000
Einwohner

Dänemark: 5.873.000

16 Einw.
pro Quadratkilometer

Deutschland:
232 Einw. pro Quadratkilometer

309.500 km²
Fläche

Italien: 301.340 km²

HÖCHSTE SANDDÜNE DER WELT:
455 M
In der Wüste Rub al-Khali

WÄRMSTER MONAT
JUNI
40°C

BELIEBTESTER REISEMONAT
DEZEMBER

5 UNESCO-WELTERBESTÄTTEN

Festung Bahla, archäologische Stätten mit Totenstadt Al-Ain, Bewässerungskanäle, antike Stadt Qalhat, Land des Weihrauchs

MUSCAT
Größte Stadt mit 1.450.000 Einwohnern

FLORA UND FAUNA
250 Dattelsorten und rund 260.000 Kamele

HÖCHSTER KAMELPREIS DER LETZTEN 20 JAHRE:
FAST 650.000 EURO

OMAN VERSTEHEN

BAUM DES LEBENS

Ein Fitzel von dem Batzen Lehm, aus dem er den Menschen erschaffen hatte, war noch übrig und flugs formte Allah daraus ... die Dattelpalme. Dass sie etwas zickig in der Pflege ist und viel Wasser braucht – geschenkt! Die Araber verehren sie als Baum des Lebens. Die Frucht enthält fast 50 Mineralien und ihr Zuckergehalt macht sie lange haltbar, was den Beduinen auf ihren langen Wegen durch die Wüste ebenso half wie den omanischen Seeleuten bei ihren Reisen übers Meer. Denn Letztere behielten dadurch ihre Zähne, ganz im Gegensatz zu den europäischen Kollegen, die der Skorbut zum Suppeschlürfen verdammte.

Mediziner untersuchen derzeit sogar, ob der hohe Dattelkonsum etwas mit der geringen Zahl an Krebserkrankungen in Arabien zu tun haben könnte. Doch damit nicht genug: Die Palme war Schattenspender und lieferte Baumaterial, aus dem Stamm fertigte man Dachbalken und Fensterrahmen, aus den Blättern entstanden Bodenmatten oder Tragkörbe. Weil sie außerdem für jedermann erschwinglich war, gaben die Omanis ihr darüber hinaus den ehrenvollen Titel *Umm al-Faqir* – „Mutter der Armen".

MEHR ALS BEDUINEN

Du musst jetzt ganz stark sein – aber die Bilder aus den alten Hollywood-Monumentalschinken mit stolzen Beduinen auf Kamelen wirst du eher nicht erleben. Erstens sind diese längst umgestiegen in Geländeautos. Zweitens wird der Begriff „Beduine" allzu freizügig verwendet, denn diese definieren sich im Wesentlichen über drei Kriterien: Abstammung, Kamelzucht und Nomadenleben in der Wüste – was sie ebenfalls längst aufgegeben haben.

Der Begriff passt also nicht, weder zu den Einwohnern der Städte noch zu den Menschen in den Hajarbergen oder an der Küste. Noch weniger passt er zu den dunkelhäutigen Nachfahren afrikanischer Sklaven und den „Sansibaris", denn die Insel gehörte lange zu Oman. Letztere sind stolz auf ihre Rolle beim Wiederaufbau des Landes: Da sie Zugang zu afrikanischen Schulen und Universitäten hatten und deshalb über die nötige Bildung verfügten, vertraute Sultan Qaboos ihnen u. a. den Aufbau einer funktionierenden Verwaltung an. Und dann sind da ja noch die Gastarbeiter – Syrer, Ägypter, Inder, Pakistaner, Amerikaner und Europäer –, die rund 20 Prozent der Einwohner ausmachen. Und alles sind, nur keine Beduinen!

SEEMANNSGARN

Weißt du, was den deutschen Flugpionier Gustav Weißkopf mit dem omanischen Navigator Ahmed bin Majid verbindet? Beide leisteten Pionierarbeit, für die andere in die Geschichtsbücher eingingen. Weißkopf soll zwei Jahre vor den Gebrüdern Wright der erste Motorflug gelungen sein. Und Ahmed bin Majid soll der Navigator

SO TICKT OMAN

Die Dattelpalme, der „Baum des Lebens", spendet Früchte, Blätter, Holz – und Schatten

gewesen sein, der dem Portugiesen Vasco Da Gama, dem „Entdecker des Seewegs nach Indien" Ende des 15. Jhs., überhaupt erst den Weg gewiesen haben soll.

Wobei bin Majid wohl nicht der Erste war: Omanische Seeleute beherrschten seit dem 8. Jh. den Indischen Ozean und segelten bis nach China, wo sie erfolgreich Handel trieben. Der Entdecker Marco Polo schien davon keine Kenntnis gehabt zu haben, denn belustigt attestierte er den omanischen Schiffen Seeuntauglichkeit: Ihre Planken seien mittels Kokosseilen „angenäht". Eiserne Nägel lernten Omans Schiffbauer tatsächlich erst durch die Portugiesen kennen. Weil sie auch verschiedene Stilelemente übernahmen, kamen die traditionellen Holzschiffe, die Dhaus, mit der heute noch omanische Fischer und Touristen auslaufen, zu ihrem Aussehen.

FRAUENPOWER

An besonderen Feiertagen legt der westliche Herr gern mal eine Krawatte an. Der Omani dagegen wählt seinen Lieblingsdolch *(khanjar)*. Dass dabei auch die Damen ein Wörtchen mitzureden haben, erlebte der berühmteste Herrscher Omans: Eine von Sayyid Said al-Busaidis Frauen, eine persische Prinzessin, war nicht angetan vom *khanjar* ihres Gatten, also entwarf sie kurzerhand einen neuen mit mehr Silberornamenten – frag im Souk nach einem Saidi-Dolch, dann siehst du den Unterschied. Nur die mit dem Horn des Nashorns im Griff werden, politisch korrekt, nicht mehr hergestellt, heute wird Holz oder Plastik ver-

Zeigst du mir deinen, zeig ich dir meinen: Der Lieblingsdolch ist auch Statussymbol

wendet. Der wertvollste Teil ist oft die Klinge, obwohl viel Silber die Scheide verziert. Da Oman über keine Minen des Edelmetalls verfügt, kommt auch hier eine Frau ins Spiel: Erzherzogin Maria Theresia aus Österreich. Der nach ihr benannte Taler, der ab 1741 geprägt wurde, hat einen Silbergehalt von 85 Prozent und war bis weit in die 1960er-Jahre ein beliebtes Zahlungsmittel in ganz Arabien. Kurzerhand wurden die Münzen eingeschmolzen und neu verarbeitet.

**INSIDER-TIPP
Silbernes Souvenir**
Heute findet man den Maria-Theresia-Taler als Sammlerstück oder als Teil schwerer Halsketten.

WELTOFFENHEIT

Oman zeichnet eine weltoffene Lebenseinstellung aus und die Wurzeln dieser Haltung reichen in die Anfänge des Islam im 7. Jh. zurück. Damals setzten sich in Oman nicht Sunniten oder Schiiten durch, sondern die Anhänger Abdullah ibn Ibads. Dessen theologische Interpretationen (Ibadismus) aus dem 8. Jh. sind geprägt von Zurückhaltung und Toleranz gegenüber Andersdenkenden. Dass sie heute Staatsreligion in Oman sind, bedeutet für dich als Gast ein *ahlan wa sahlan*, ein „Herzlich willkommen!".

Den beim Begriff „Gewaltlosigkeit" schmunzelnden Zynikern sei hier gleich der Wind aus den Segeln genommen: Auch die Omanis haben sich mit schöner Regelmäßigkeit im Kampf gegen äußere Feinde oder auch gern untereinander die Schädel eingeschlagen. Doch das ist Geschichte und heute strahlen sie eine ruhige

SO TICKT OMAN

Freundlichkeit aus. Natürlich wird in den Souks lauthals gefeilscht und Beduinenfrauen können bei Preisverhandlungen eine erstaunliche Beharrlichkeit an den Tag legen. Aber von Aggression keine Spur.

ENTFÜHRUNGEN? SICHER NICHT

Ja, so ist das wohl: Omans Sultan ist Premier-, Finanz-, Außen- und Verteidigungsminister in einer Person. Es gibt keine Parteien, keine Gewerkschaften und auch kein gesetzgebendes Parlament. Klingt schlimmer, als es ist: In den vergangenen 40 Jahren bestand die Politik des damaligen Sultans etwa darin, aus der nicht immer homogenen Stammesgesellschaft eine Nation mit Gemeinschaftsgefühl zu formen, deren äußere Symbole u. a. eine neue Nationalhymne und eine neue Landesflagge sind.

Für dich bedeutet es: sicheres Reisen ohne Entführungen wie etwa im benachbarten Jemen. So, wie der Sultan sein Land wirtschaftlich in die Moderne führte, nämlich behutsam, tat er es auch politisch. Durch die Etablierung von Regierungsgremien (Ministerrat, Volksvertretung) und Beteiligung der Bevölkerung durch aktives und passives Wahlrecht wandelt sich Oman stetig von der absoluten zur konstitutionellen Monarchie.

SULTAN, GANZ PRIVAT

So etwas wie eine Boulevardpresse gibt es in Oman nicht und das Privatleben der früheren und des heutigen Sultans ist absolut tabu! Das galt besonders für den Staatsgründer Qaboos und die Frage, ob er nicht doch

KLISCHEE KISTE

FAULE HAUT IST NICHT

Jeder Omani ist stinkreich, weil er eine Ölquelle im Garten seiner Villa anzapft und deshalb nicht arbeiten muss. Richtig ist, dass im Sultanat Erdöl und -gas gefördert und mit den Einnahmen enorm hohe Sozialausgaben bezahlt werden. Doch die Bevölkerung wächst, und der Staat setzt alles daran, seine Bewohner in Lohn und Brot zu bringen.

ALLES ABSTINENZLER

Der Koran verbietet Alkohol, deshalb trinken Omanis nicht. Stimmt nicht ganz: Der Gläubige soll nüchtern zum Gebet kommen, so steht's im Koran. Ansonsten darf er sich durchaus mal ein Gläschen gönnen, ohne gleich ins ewige Höllenfeuer einzufahren. Den einen oder anderen Abstinenzler gibt es durchaus, aber eben auch genug Restaurants und Bars für ein gepflegtes Feierabendgetränk mit Umdrehungen.

ALLAH IST ÜBERALL

Ja, auch in Oman kann sich kein Mensch ein Leben ohne Allahs Gnade und Beistand vorstellen. Das solltest du im Gespräch akzeptieren. Die wenigsten aber rennen deshalb fünfmal am Tag in die Moschee. Wer Zeit findet für ein Gebet – Stress ist auch in Oman kein Fremdwort –, betrachtet es mitunter als meditative Pause im Alltag.

einen leiblichen Nachfolger hat. Das tat seinem Ansehen keinen Abbruch, hatte er doch dem Begriff „Landesvater" alle Ehre gemacht. Da verzieh man ihm, dem Klassikliebhaber, auch mal den teuren Bau der opulenten Oper. Geboren und aufgewachsen war Qaboos im Schatten der dhofarischen Palmen, sein Rüstzeug für die Regentschaft lernte er an englischen Universitäten und der Militärakademie in Sandhurst – die ihn für ein halbes Jahr auch in Deutschland stationierte. Wo es ihm so gut gefiel, dass er sich in Garmisch eine Residenz einrichtete und dort ein gern gesehener Gast war, denn er brachte dann schon mal sein Orchester mit und ließ aufspielen. Da das omanische Volk bis 1970 nichts von Sultan Qaboos' Existenz wusste, spekulierte es bis zu seinem Tod 2020, ob er nicht doch ein leibliches Kind habe. Hatte er nicht, Nachfolger wurde sein Cousin Haitam.

EIN HERZ FÜR TIERE

Vom Reiseleiter nach dem Grund ihrer schlaflosen Nacht im Zelt gefragt, lautete die überraschende Antwort der Teilnehmerin: aus Angst vor den Arabischen Leoparden. Lach nicht – die gibt es tatsächlich, allerdings sind sie so selten, dass ihr Aussterben befürchtet werden muss. Ein ähnliches Schicksal droht leider auch den wilden Bergziegen Nordomans, den *tahr*. Etwas besser geht es den eleganten Oryxantilopen, den kleinen arabischen Gazellen und den verschiedenen Arten von Meeresschildkröten, die an Omans Küsten regelmäßig ihre Eier ablegen. Bemerkenswert ist, dass sich Sultan Qaboos bereits in den 1970er-Jahren – als sehr viel drängendere Probleme zu lösen waren – auch um diesen Aspekt kümmerte und die ersten Naturschutzgebiete für die genannten Arten einrichten ließ.

GRABEN MUSS NIEMAND MEHR

Ein arabisches Sprichwort besagt, dass man einen Brunnen graben soll, bevor man Durst hat. Schön! Aber was, wenn da, wo man wohnt, gar kein Wasser im Boden ist? Dann zapft man eben unterirdische Bergquellen an und baut eines der aufwendigsten und beeindruckendsten Kanalsysteme der Welt, welches das Wasser über zig Kilometer zu den Siedlungen bringt. Dabei werden Schluchten und *wadis* überwunden und zwar so hoch oben an unzugänglichen Felswänden, dass die Kanäle von Regenfluten nicht weggespült werden können. Bis heute ist das 2500 Jahre alte *falaj*-System, das die Perser um 600 v. Chr. ins Land

SO TICKT OMAN

brachten, in Gebrauch und so erfolgreich, dass die Unesco gar nicht anders konnte, als es 2006 ins Weltkulturerbe aufzunehmen. Das Rückgrat der omanischen Wasserversorgung sind heute allerdings Meerwasserentsalzungsanlagen und ein Heer von blauen LKW, die die Wassertanks auf den Hausdächern befüllen. Auf Musandam übernehmen Tankschiffe diese Aufgabe.

FLUCH UND SEGEN

War das früher nicht herrlich, als man volltanken konnte, ohne vorher im Lotto gewinnen zu müssen? Doch so breit das Lächeln westlicher Autofahrer angesichts niedriger Benzinpreise schon mal war, so tief waren die Sorgenfalten des omanischen Wirtschaftsministers jedes Mal, wenn der Ölpreis fiel. Denn die Reserven fossiler Energieträger sind bis heute die wichtigste Einnahmequelle Omans. Und früher waren sie der Segen, ohne den der Aufschwung so nie möglich gewesen wäre. Der Preisverfall etwa von 2020 machte einmal mehr die eklatante Abhängigkeit Omans vom Energiemarkt deutlich: Damals schrumpften die Staatseinnahmen im Öl- und Gasbereich um rund 30 Prozent. Ein weiterer Fluch waren und sind die begrenzten Arbeitsplätze in diesem Wirtschaftszweig, denen eine hohe Zahl arbeitsloser Jugendlicher gegenübersteht. Andere Bodenschätze gibt es in Oman kaum, Fischerei und Landwirtschaft bieten ebenfalls nur begrenzte Möglichkeiten und sind zudem stark subventioniert – dank Erdöl.

Ein Ausweg aus der Falle scheint grüner Wasserstoff zu sein: Oman möchte einer der weltgrößten Produzenten der Öko-Variante des alternativen Energieträgers werden, der mit Hilfe von Wind- und Sonnenenergie gewonnen wird. Und natürlich ist auch der Tourismus einer der großen Hoffnungsträger für die Zukunft.

Ein Bild, das bald der Vergangenheit angehört? Erdölförderung in Oman

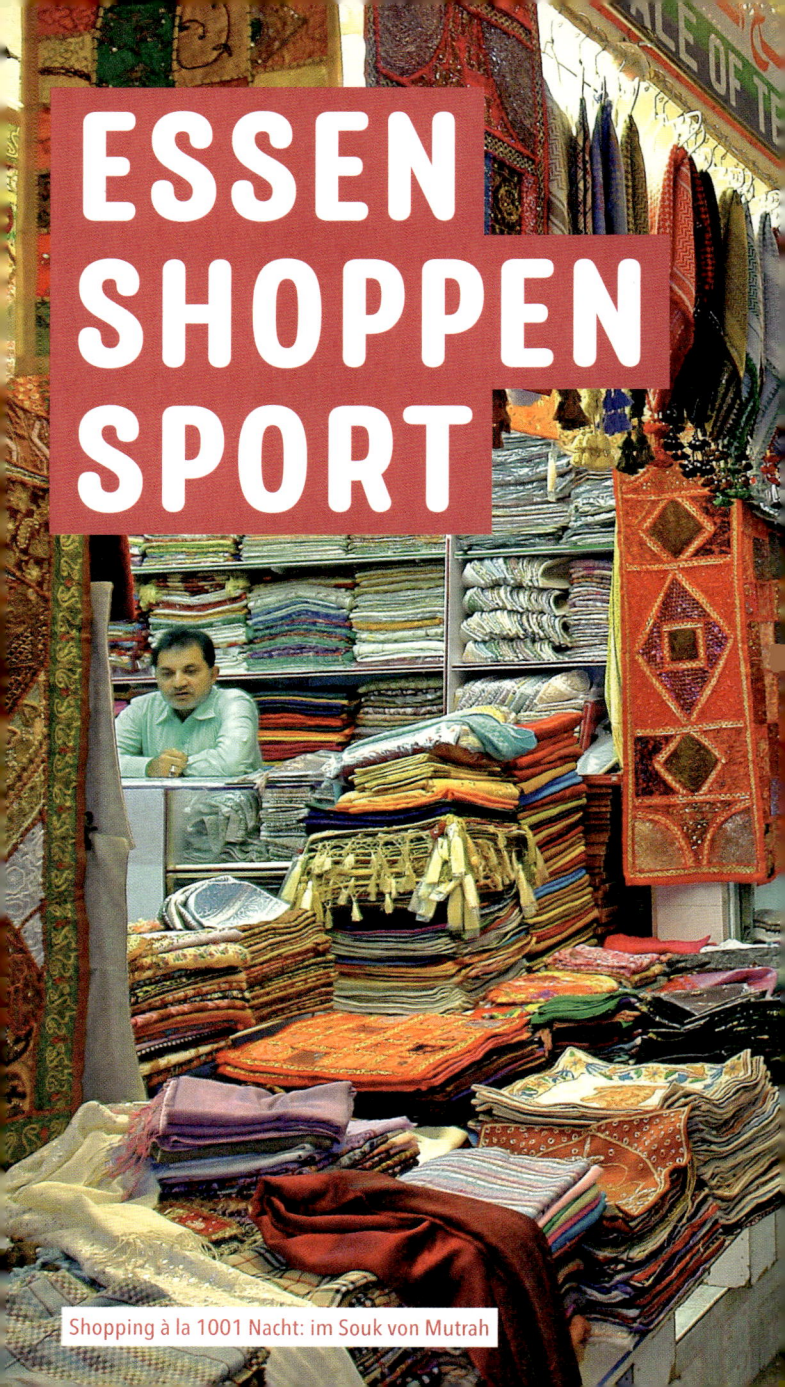

ESSEN
SHOPPEN
SPORT

Shopping à la 1001 Nacht: im Souk von Mutrah

ESSEN & TRINKEN

Kamelmilch, Dattelpaste, indisches Hühnchencurry oder einen Hamburger: Iss doch, was du willst! Die kulinarische Vielfalt Omans ist – dank Seefahrerhistorie und Gastarbeiterzulauf – riesig.

KLASSISCHE BASIS
Zu den klassischen Zutaten des Landes zählen die in den Gärten der Küstenebene oder im Schatten der Dattelhaine am Wüstenrand angebauten Obst- und Gemüsesorten wie etwa Kohl, Auberginen, Zucchini und Tomaten. Die von den Terrassenfeldern der höher gelegenen Bergoasen stammenden Granatäpfel, Walnüsse oder Weintrauben ergänzen den Speiseplan. Im Süden Omans sind es Kokosnüsse, Mangos und Papayas. Dazu gibt es Fisch *(samak)* oder Fleisch *(lahm)*, wobei im Alltag Huhn, Ziegen- oder Lammfleisch auf den Tisch kommen, da man die Milch gebenden Kamele nur zu besonderen Anlässen wie Hochzeit oder Geburt schlachtet. Ein einfaches Alltagsgericht ist der sehr nahrhafte, aus Fleisch und Weizen gekochte *harees*-Brei.

BROT & FISCH
Dazu gab es früher knuspriges, auf einer flachen Scheibe über offenem Feuer gebackenes Brot *(khubs rakhal)*, das jedoch vom typisch arabischen Fladenbrot *(khubs lubnani)* sowie indischen Brotvarianten wie *paratha* oder *chapati* abgelöst wurde.
Verzichten solltest du aus ökologischen Gründen auf getrockneten Hai, der aufgrund seiner langen Haltbarkeit vor allem bei den Beduinen früher sehr beliebt war. Man bekommt ihn aber noch heute überall auf den Märkten zu kaufen. Dank staatlich organisierter Kühltransporte gibt es aber jede Menge frischen Fisch, darunter Thunfisch oder Makrele.

Auch wenn *shoowa* (re.) auf den ersten Blick nicht so aussieht: Das Fleisch ist herrlich zart

GEWÜRZPARADIES

Allerdings sind die Omanis nicht allein auf ihre lokalen Naturprodukte beschränkt. Vielmehr verstanden sie es seit Jahrhunderten – dank ihrer internationalen Seefahrertätigkeit – den Speiseplan mit Zutaten aus dem fernen China, Indien oder ihren ostafrikanischen Besitzungen erheblich zu erweitern. An erster Stelle ist natürlich der unverzichtbare Reis zu nennen, im Supermarkt sogar in stammesfreundlichen 20-Kilo-Säcken erhältlich!

An zweiter Stelle folgen die unzähligen Gewürze, vor allem indische Curry- und Masala-Mischungen, die es in verschiedenen Schärfegraden zu kaufen gibt. Omanis mögen es grundsätzlich eher weniger scharf, weshalb auch Europäer bedenkenlos in den vielen indischen und pakistanischen Restaurants entlang der Überlandstraßen und in den Ortschaften einkehren können. Sollte es doch mal eine Chilischote zu viel sein, sorgt Joghurt *(rob)* für Linderung.

Mit dem wirtschaftlichen Aufschwung nach 1970 erfuhr die omanische Küche nochmals eine Erweiterung. Denn nun kamen Gastarbeiter aus Ägypten, Jordanien, Syrien oder dem Libanon und brachten aus ihren Heimatländern schmackhafte Spezialitäten wie *hummus, baba ghanoush* oder *falafel* mit, die sich heute großer Beliebtheit erfreuen. Natürlich fehlen mittlerweile auch Tiefkühlkost und Fast-Food-Ketten nicht – worüber manche Omanis aber nicht begeistert sind. Ihrer Meinung nach mag die Auswahl früher kleiner gewesen sein, dafür war das Essen aber gesünder.

AUFWENDIGES SHOOWA

Sehr arbeitsintensiv ist *shoowa*, deshalb wird es nur an Feiertagen zubereitet: Jedes

INSIDER-TIPP
Festschmaus aus der Erde

größere Dorf verfügt dafür über eine Feuergrube, die zwei bis drei Tage ordentlich geschürt wird. Währenddessen würzen die Einwohner ihre Ziegen- oder Lammfleischportionen mit einer Marinade aus Salz, Pfeffer, Limetten- oder Zitronensaft, Datteln und manchmal auch Honig und wickeln sie in Bananenblätter. Ist ordentlich Glut vorhanden, werden alle Portionen gleichzeitig hineingeworfen und die Grube luftdicht abgedeckt. Nach 12 bis 24 Stunden ist das Fleisch wunderbar zart und saftig.

Abgerundet wird ein traditionelles Essen mit *qahwa* – dem arabischen Kaffee mit Kardamom aus der Schnabelkanne *(dalla)*, der ungesüßt in kleinen Schälchen serviert wird. Ist man als Gast zu einem *qahwa* nach Hause eingeladen, gibt es vorab immer Datteln und eine Schale Obst. Überhaupt ist die Dattel in der omanischen Küche allgegenwärtig, sei es als Beilage zu Fischgerichten, als entkernte Paste oder als erste Speise beim abendlichen Fastenbrechen im Ramadan.

AUF IN DEN TAG!

Die großen internbationalen Hotelketten bieten zu den Hauptmahlzeiten grundsätzlich internationale Küche à la carte oder als Büfett an. Während die Omanis in der Regel etwas Brot, Ziegenkäse und Tee frühstücken, erwartet den Gast auch in einfacheren Unterkünften ein kontinental ausgerichtetes Frühstück mit Marmelade, Säften und sogar Müsli.

Während des Fastenmonats Ramadan müssen nichtmuslimische Hotelgäste übrigens auf keine Mahlzeit verzichten, denn die Restaurants werden dann entweder mit Tüchern verhüllt oder in die oberen Stockwerke verlegt. Aufgrund des Klimas ist Wasser natürlich das wichtigste Getränk und man bekommt es überall in Flaschen, überwiegend ohne Kohlensäure. „Mit" gibt es nur in Dosen.

JOGHURT FÜR DEN KREISLAUF

Schwarzer Tee wird zu allen Tages- und Nachtzeiten getrunken, allerdings ohne eine großartige Zeremonie, wie man sie aus anderen Ländern kennen mag. Heißes Wasser auf profane Teebeutel – fertig. Eine Ausnahme ist indischer *karak*-Tee, der mit viel Dosenmilch, einem Schuss Ingwer, Kardamom, Zimt und je nach Hausrezept einer Prise Safran gekocht wird.

INSIDER-TIPP
Safran macht den Tee zum Genuss

Die meisten Restaurants servieren zum Nachtisch Nescafé, den traditionellen *qahwa* eher selten. Den gibt es entweder bei privaten Einladungen oder in größeren Hotels. Für einen schwächelnden Kreislauf ist das joghurtähnliche Getränk *laban* ein guter Stabilisator, besonders die salzige Variante. *Labneh* ist seine entwässerte Form, der frischkäseähnliche Rahmjoghurt wird mit Olivenöl serviert. Neben der obligatorischen Cola lieben Omanis außerdem alle Arten von pappsüßen Limonaden. Viele Restaurants bieten frische Säfte an, besonders beliebt ist der Zitrone-Minz-Mix *(Lemon-Mint-Juice)*. Alkohol gibt es nur in wenigen lizenzierten Restaurants und in größeren Hotels.

ESSEN & TRINKEN

Unsere Empfehlung heute

Vorspeisen

BABA GHANOUSH
Püree aus gegrillten Auberginen und Sesamöl

HUMMUS BI TAHINA
Püree aus Kichererbsen mit Sesamsauce

SAMOSA
Mit Fleisch oder Gemüse gefüllte, dreieckige Teigtaschen

FATOUSH
Gemischter Salat mit geröstetem Brot & Granatapfelkernen

Hauptgerichte

BIRYANI
Reisgericht, entweder mit Fleisch, Fisch oder Gemüse

HAREES LAHM
Ein aus Fleisch und Weizen gekochter Brei

DAAL
Indisches Linsengericht mit Kokosmilch und Curry

MISHKAK
Gegrillte Fleisch-Spieße mit würziger Sauce

SHAWARMA
Arabische Ausgabe des Döner mit Hühner- oder Rindfleisch

SHOOWA
In einer Feuergrube bis zu 24 Stunden lang gegartes Fleisch

Desserts

HALWA
Traditionelle Süßspeise aus Butter, Zucker, Eiern, Gewürzen und Nüssen

UMM ALI
Warme Süßspeise aus Blätterteig, Milch, Nüssen, Rosinen, Zucker und Zimt

TAMR
Datteln – naturbelassen, mit Füllung oder im Schokoladenmantel

Getränke

LEMON-MINT-SAFT
Süßsaure Vitaminerfrischung

KARAK
Indischer Gewürztee

QAHWA
Arabischer Kaffee
(meist mit Kardamom)

SHOPPEN & STÖBERN

Wie man handwerklich aus sehr wenig sehr vielseitige und kunstvoll-schöne Dinge des täglichen Lebens herzustellen vermag, darin haben es die Omanis im Lauf der Jahrhunderte zur wahren Meisterschaft gebracht.

URLAUB FÜR DIE NASE

„Ein guter Geruch macht das Leben leichter" ist eine Devise, der man noch heute folgt. Deshalb gibt es in Oman nicht nur viele Parfümerien mit den Düften aus aller Welt, sondern immer noch zahlreiche Geschäfte mit traditionellen Ölen, Essenzen und Räucherstoffen wie Weihrauch, Myrrhe oder Sandelholz. Erste Adresse ist natürlich der *Souk al-Luban*, der Weihrauchmarkt, in Salalah. Das teuerste Wässerchen, das man erstehen kann, ist dagegen *Amouage (s. S. 57)*, in dessen ursprünglicher Kreation alle Düfte Omans vereint sind.

STILVOLL MELKEN

Das sind schon Hingucker, diese aus Schilfgräsern geflochtenen Körbe und Schalen mit ihrem ledernen Boden. Letztere sind übrigens wasserdicht, weil sie früher als Melkschüsseln für Kamelmilch verwendet wurden. Du hast kein Kamel zu Hause? Macht nichts, die Schalen sehen prima an der Wand aus – oder machen sich ganz toll als Obstschale in der Wohnung.

INSIDER-TIPP
Flechtkunst für zu Hause

MAGISCHE TÖPFEREI

Der Ort Bahla nahe Nizwa ist für seine Töpferwaren bekannt. Überall im Land hängen die bauchigen, etwa 50 cm hohen Wasserkrüge mit dazugehörigen Bechern. Leichter zu transportieren sind die kleinen Teelichthalter, durch deren Deckel orientalische Lichtmuster entstehen. Ein Ratespaß ist die Zauberkanne: am Boden Was-

Omans Silberschmuck ist schön, das exotischere Souvenir sind Weihrauchgefäße

ser einfüllen, ohne das oben was rausläuft, dann umdrehen ohne das Wasser aus dem Boden tropft. Jetzt aus der Tülle ausgießen – doch, das geht!

ANHÄNGLICHES

Neben selbst geflochtenen, meist in dunklen Tönen gehaltenen Teppichen verkaufen die Menschen am Jebel Shams auch bunte Schlüsselanhänger. Deren geflochtene Ledervariante findet man auch in der Wahiba-Wüste oder auf den Beduinenmärkten von Sanaw oder Ibra.

GLÄNZENDER SILBERSCHMUCK

Den Rohstoff für ihre Schmuckstücke gewannen omanische Silberschmiede früher vor allem aus den Maria-Theresia-Talern, die als Zahlungsmittel in ganz Arabien wegen ihres hohen und beständigen Silbergehalts von etwa 23 g sehr beliebt waren. Du findest sie heute noch einzeln oder z. B. als Zierelement an schweren Halsketten. Außerdem fertigte man bis zu 500 g schwere Fuß- und Armreifen, Fingerringe, filigrane Ketten und kleine Schmuckkästchen, in denen Koranverse aufbewahrt wurden.

Antiker Schmuck ist meist teuer, da selten. Typisch sind die Dolche Omans mit ihren filigran verzierten Griffen und der aufwendig gearbeiteten Scheide vor allem aus Nizwa.

STOFF FÜR GUTE LAUNE

Feinste Paschminawolle, flauschiges Kaschmir, federleichte Seidenstoffe aus China, Indien oder Vietnam, Baumwollstoffe aus aller Herren Länder, gemustert, gestreift, kariert – in Oman gibt es bis hin zur Kunstseide fast alles beinahe überall zu kaufen. In den größeren Orten ist die Auswahl natürlich breiter gefächert. Indische Schneider sind nicht weit und fertigen Hemden, Hosen oder Jacken in wenigen Tagen.

SPORT

Sonnenbaden? Geht auch daheim am Baggersee, dafür musst du nicht nach Oman reisen. Wie wär's stattdessen mit Abseiling, Canyoning oder Kiten? Omans Wüsten, Berge und Küsten sind ein herrlicher Abenteuerspielplatz – mit Guide oder auf eigene Faust

JOGGEN & CO.
Du möchtest fit bleiben im Urlaub – eine gute Idee. Oman bietet da ein paar prima Möglichkeiten, angefangen von den Stränden in Muscat oder Salalah, wo du dich nach dem Aufstehen das Frühstück beim Joggen „verdienen" kannst. Die Hotels unterstützen dein Urlaubs-Fitness-Projekt mit Pools, Tennisplätzen, Squashcourts, Segelkursen oder Tauchschulen.

BERGSPORT
In keiner anderen Region Omans hat sich das Angebot an sportlichen Aktivitäten in den letzten Jahren so rasant entwickelt wie in den Hajarbergen. Das beginnt bei den Wandertouren, die du sehr gut alleine und ohne Guide unternehmen kannst (solange du nicht völlig unerfahren im Bergwandern bist). Unter *visitoman.om* findest Du unter dem Suchwort „Trekking" tolle Routen. Der Balcony Walk am Jebel Shams, eine gut dreistündige, lockere Wanderung, wird dort auch vorgestellt.
Anspruchsvoller sind dagegen die mehrtägigen Trekkingreisen verschiedener deutscher Veranstalter, die sowohl im westlichen als auch im östliche Hajar-Gebirge unterwegs sind. Z.B.: *Bedu Expeditionen (Tel. 089 62 43 97 91 | bedu.de), Hauser Exkursionen (Tel. 089 2 35 00 60 | hauser-exkursionen.de)* oder *Nomad (Tel. 06591 94 99 80 | nomad-reisen.de)*. Bei manchen Touren tragen Esel das Gepäck – unglaublich, an welch extre-

Klettersteigabenteuer am Jebel Shams – aber bitte nur mit Guide!

men Stellen diese störrischen Tiere ungerührt vorbeilaufen.

KLETTERSTEIGE

Insgesamt gibt es drei dieser mit Stahlseilen präparierten Routen in Oman, doch nicht alle sind derzeit begehbar. Offen und eine grandiose Tour ist die Via Ferrate, der eiserne Weg, am Jebel Shams, dessen Einstieg am Ende des Balcony Walk nicht ganz leicht zu finden ist, weshalb du – auch aus Sicherheitsgründen – nicht ohne lokalen Guide losmarschieren solltest. Nähere Informationen auch über geführte Touren erhältst Du im *Alila Jebel Akhdar Hotel (alilahotels.com/jabal akhdar)*.

CANYONING & CAVING

Wow, jetzt wird's extrem. Du hast dich für etwas ausgefallenere Aktivitäten wie etwa Caving, Canyoning oder Abseiling entschieden? Für diese Sportarten solltest du ein kleiner „Braveheart" sein, schließlich verlässt du im wahrsten Wortsinn ausgetretene Pfade. Eine spannende Cavingtour inkl. Einweisung bietet *Husaak Adventures (Whatsapp 00965 99 63 54 14 | husaak.com)*. Aber das ist nicht die einzige Sportart in der sich diese Agentur auskennt. Da wäre z. B. noch der Abstieg in eine der größten Höhlenkammern des Landes. Und wurde schon erwähnt, dass bei dieser Agentur auch Frauen als Outdoorguides hervorragende Touren anbieten?

GOLF

Bis 2012 trugen passionierte Anhänger dieses Sports das Green in Form eines kleinen Abschlagteppichs mit sich herum, gab es doch nur einen Sandgolfplatz in Muscat. Das ist der *Ghala Golf Club (tgl. 7–21 Uhr | Wadi Baushar | Way 61 | Tel. 92 19 49 57 | ghalagolf.com)*, der mittlerweile ei-

Ja, die heißt wirklich so: Tauchbesuch bei einer Purpurroten Katzenschwanz-Koralle

nen wunderbaren Rasen sein Eigen nennt.

Daneben gibt es zwei neue Parcours, den an der Küste gelegenen *Almouj Golf Course (tgl. 6.30–24 Uhr | 18th November St. | Tel. 22 00 59 90 | almoujgolf.com)* mit schwierigen Bunkern aber einem wirklich feinen Blick übers Meer. Der zweite Neue ist der *Muscat Hills Golf & Country Club (tgl. 7–24 Uhr | Airport Hights | Tel. 24 51 40 80)*, eingebettet in die sanften Hügel am Fuß der nahen Berge. Alle drei Plätze sind 18-Loch-Parcours.

GLEITSCHIRMFLIEGEN

Die Berge Nordomans sind eher was für die Cracks in diesem Sport. Aber im Süden gibt's ein paar tolle Spots, die zwar auch nicht unbedingt anfängertauglich sind, aber der Wind lässt sich leichter abschätzen und es gibt für fast jede Windrichtung einen Startplatz. Meistens wird an der Küste gestartet, aber es gibt auch wunderschöne Thermikplätze. Nähere Auskünfte auch über mögliche Tandemflüge bekommst du auf *omanadventuresclub.com*

KAYAKING

Die kleinen, bunten Boote werden in Oman immer beliebter, da es ja auch herrliche Regionen an der Küste damit zu entdecken gibt. Etwa die grandiosen Buchten in Musandam, wo du bei *Dolphin Khasab Tours (Khasab Coastal Rd. | Tel. 26 73 08 13 | dolphinkhasabtours.com)* tageweise Kayaks mieten kannst.

Eine besondere Tour bietet u. a. die Agentur *Husaak Adventures (Whatsapp 00 9 65 99 63 54 14 | husaak.com)*

SPORT

mit Sitz in Kuwait an: einen Übernachtungsausflug mit Kayaks zu einem abgelegenen Strand in der sehr schönen Bucht bei Bandar Khayran. Die Touren dieser Agentur sollte man aber frühzeitig (unter Umständen sogar schon von zu Hause aus) buchen.

INSIDER-TIPP
Sterne überm Sandstrand

KITEBOARDING

Die Küsten Omans mit flachem Sandstrand, kräftigem Wind und guten Hotels sind nahezu perfekt fürs Spiel mit dem Wind auf dem Board. Zum international anerkannten Hotspot hat sich die *Masirah-Insel (s. S. 81)* gemausert, die auch die lokale Agentur *Kiteboarding Oman (18th November St., hinter dem neuen Flughafen | Tel. 96 32 35 24 | kiteboarding-oman.com)*

im Angebot hat. Der deutschsprachige Veranstalter bietet aber auch Ausflüge zu diversen Stränden rund um Muscat an, inklusive Spots mit Geheimtipp-Charakter.

Wenn du Profi bist und eine Herausforderung suchst, dann käme für dich auch eine Reise während des Monsuns von Juni bis September in Frage – da kachelt es dann richtig!

TAUCHEN

Alleine wirst du da unten vor der Küste Omans nicht sein, denn Rochen, Schildkröten, Delfine, Walhaie, Wale und Haie bevölkern die Tauchreviere des Landes. Wegen der unzähligen tropischen Fische und der zarten Seepferdchen, die einen hier umschwimmen, heißen die Tauchgründe nahe den *Daymaniyat-Inseln (s. S. 64)* unter Kennern nur „das Aquarium".

Solltest du erste Flossenschläge in die unbekannte Wasserwelt wagen wollen, dann helfen dir die Tauchlehrer von *Global Scuba (Seeb Marina | Dama St. | Tel. 96 99 22 40 | divedaymaniyat islands.com)* gerne weiter. Den gleichen Job übernimmt auch das Team von *Blu Zone Diving (Marina Bandar Al Rowdha | Tel. 24 73 72 93 | angelfire. com/biz3/Bluzone)*.

In Salalah kennen sich die Mädels und Jungs von *Extra Divers (extra divers-worldwide.com)* sehr gut aus. Weil sich nahe der Küste vor *Mirbat* ein exzellentes Tauchrevier befindet, in dem auch Wracks liegen, haben sie in dem alten Piratennest eine weitere, sehr schöne und von einem Deutsche geleitete Tauchbasis *(ocean-sense-travelling.de)*.

DIE REGIONEN IM ÜBERBLICK

QATAR

Persian Gulf

al-Ḥaṣab

UMĀN

AL-IMĀRĀT AL-ʿARABĪYA AL-MUTTAḤIDA (UNITED ARAB EMIRATES)

Ṣuḥār

DER NORDEN & LANDESINNERES S. 58

AL-ʿARABĪYA AS-SAʿŪDĪYA (SAUDI ARABIA)

DER SÜDEN & RUB AL-KHALI S. 88

AL-YAMAN (YEMEN)

Šalīm

Ṣalāla

MUSANDAM S. 106

ĪRĀN

Die Segel hissen und durch das glasklare Wasser der Fjorde gleiten

Gulf of Oman

MUSCAT & CAPITAL AREA S. 40

MASQAT (MUSCAT)

Barkā

Omans Hauptstadt ist ein hitzedurchglühtes Juwel aus Souks, Moscheen, Palästen und der Geschichte eines reichen Landes

Nazwā

Ibra

Sūr

Blaues Meer, grüne Oasen und ein spektakuläres Gebirge: atemberaubende Kontraste im Garten des Wüstenstaats

Duqm

Arabian Sea

Im Land des Weihrauchs die Weite der Wüste erkunden

100 km
62.14 mi

MUSCAT & CAPITAL AREA

BLUMENPRACHT VOR RAUER FELSKULISSE

Nein, mit der Muskatnuss hat der Name der omanischen Hauptstadt gar nichts zu tun. Frei übersetzt bedeutet er „Platz zum Ankern" – ein Hinweis auf Muscats Lage in einer wettergeschützten Bucht.

Wobei es sich genau genommen um zwei geschützte Buchten handelt, die sich strategisch gut an den Handelsrouten zwischen Indien, Afrika und der Golfregion befanden. Aus der einen entwickelte sich das Soukviertel Mutrah, aus der anderen der Hafen Muscat, heute

Nicht nur fürs Ohr, auch etwas fürs Auge: das Royal Opera House

auch als Alt-Muscat bezeichnet. Die Buchten, die bis 1970 den Kern der Hauptstadt bildeten, gehören zu den heißesten Flecken der Erde: Dass hier im Sommer „das Schwert in der Scheide schmelze und der Griff zu Kohle verglühe", kann man in einem portugiesischen Brief nachlesen. Tatsächlich sind beide Buchten von windabweisenden Bergrücken umgeben, die im Sommer für Hitzestau sorgen.

MUSCAT & CAPITAL AREA

MARCO POLO HIGHLIGHTS

★ **SULTAN-QABOOS-MOSCHEE**
Ein Gotteshaus, das rundherum beeindruckt ➤ S. 54

★ **SOUK VON MUTRAH**
Lins ruhig mal in die vielen Seitengassen und schau, was die Omanis so im Souk kaufen ➤ S. 50

★ **RIYAM ROAD**
Die Aussicht von der ältesten Straße Omans ist hinreißend ➤ S. 49

★ **ROYAL OPERA HOUSE**
Doch, doch, man kann ein Opernhaus auch nur mit den Augen erleben. Und dann die Ohren genießen lassen ➤ S. 53

ALTSTADT MUSCAT

Damals waren die Ebenen und *wadis* um Mutrah und Muscat unbewohnt, die nächste Stadt Seeb einen neunstündigen Kamelritt entfernt. Und noch bis 1970 ließ der alte Sultan die Tore in der Stadtmauer bei Sonnenuntergang schließen. Heute erleichtern Klimaanlagen das Leben der rund 1,4 Mio. Einwohner.

In einem der früher leeren *wadis* liegt das zentrale Wirtschaftsviertel Ruwi, in den anderen sind moderne Wohn- oder Industrieviertel gewachsen. Und nach Seeb mit dem internationalen Flughafen fährt man in einer halben Stunde auf zwei mehrspurigen Autobahnen. Weil die rauen Bergrücken des Hajargebirges den Platz arg begrenzen, wuchs die neue Hauptstadt vor allem in die Länge. Mehr als 100 km dehnt sie sich mittlerweile von den beiden historischen Buchten über die westlichen Vororte wie Qurum, Baushar, Madinat Sultan Qaboos oder al-Athaiba aus. Dort findet man neben moderner Infrastruktur auch neuere Sehenswürdigkeiten wie etwa die Sultan-Qaboos-Moschee und interessante Museen. Muscat wächst weiter und anscheinend ist auch der Name zu klein geworden – immer öfter hört man den Begriff *capital area*: Hauptstadtregion.

WOHIN ZUERST?

Starte deine Besichtigung der Hauptstadtregion in der **Altstadt von Muscat** *(🕮 a–c 1–3)*. Am besten parkst du an der Corniche von Mutrah (Parkplätze entlang der Straße und vor dem Naseem Hotel) und fährst die kurze Strecke mit dem Taxi zurück. Wieder in Mutrah, schlenderst du zum Souk und zum Fischmarkt, beide nur wenige Minuten zu Fuß voneinander entfernt. Der Busbahnhof liegt im Stadtteil Ruwi, hier kommen Busse aus Nizwa, Sur oder Salalah und (Sammel-)Taxis an.

ALTSTADT MUSCAT

(🕮 a–c 1–3) **Weil die Bucht von Muscat für die großen Handelssegelschiffe idealer Ankerplatz war, wurde sie ab 1800 immer wichtiger und der Regierungssitz vom Inland an die Küste verlegt.**

Mit Beginn der Dampfschifffahrt und der Einweihung des Suezkanals verlagerten sich die Handelsrouten, der Hafen verlor an Bedeutung. Beim Regierungswechsel 1970 war der Verwaltungsapparat so klein, dass er ausreichend Platz in der Altstadt fand. Heute arbeiten hier u. a. noch der Finanzminister und der Royal Diwan (das Sekretariat des Sultans), weshalb es in den Nachmittagsstunden in diesem östlichen Stadtteil angenehm ruhig ist. Die Gebäude sind teilweise historischen Ursprungs und makellos restauriert. Die Prachtallee vor dem Sultanspalast ist etwas zu pompös ausgefallen, und weil ihr einige alte Häuser weichen mussten, hat der liebliche Charme vergangener Tage einen leichten Dämpfer versetzt bekommen.

MUSCAT & CAPITAL AREA

SIGHTSEEING

FESTUNGEN JALALI & MIRANI

Zum Schutz des Hafens errichteten die Portugiesen gegen Ende des 16. Jhs. diese beiden Festungen auf gegenüberliegenden Hafenseiten, wohl auf Fundamenten bereits existierender Anlagen.

Jalali (*c1*) diente nach der omanischen Rückeroberung u. a. als Gefängnis, heute ist dort das private Museum des Sultans untergebracht. Die auf den Felsen neben der Festung erkennbaren Schiffsnamen und Landesflaggen stammen noch aus der Zeit der Segelschiffe und wurden von den Besatzungen dort aufgemalt. In der Festung *Mirani* (*b1*) residiert heute die Königliche Garde. *Beide nicht zugänglich*

QASR AL-ALAM (PALAST DES SULTANS)

An der Stirnseite der Bucht stand bereits der alte Lehmpalast, doch den ließ Sultan Qaboos 1970 abreißen und durch einen eigenwilligen, von einem indischen Architekten entworfenen Neubau ersetzen. Siehst du eine rote Fahne mit grünem Quadrat auf dem Dach, dann weißt du, dass Seine Majestät im Büro ist (die Sultansresidenz ist außerhalb der Stadt). Qasr al-Alam („Haus des Wissens") dient aber eher repräsentativen Zwecken bei Staatsbesuchen. *b–c 1–2*

NATIONAL MUSEUM

So sieht es also bei Sultans zu Hause aus: Die 15 thematisch übersichtlich gegliederten und aufwendig ausgestatteten Hallen des neuen National-

ALTSTADT MUSCAT

museums geben nicht nur Einblicke ins omanische Königshaus (samt Thronsessel), sondern auch in die Kulturgeschichte des Landes. Die Bedeutung des Hauses wird bereits an seiner Lage in einer verlängerten Achse gegenüber dem Sultanspalast deutlich. Als erstes Museum verwendet es arabische Blindenschrift. *Sa–Do 10–17, Fr 14–18 Uhr | Eintritt 5 RO | al-Saidiya St. | 1 Std. | b2–3*

BAIT AL-ZUBAIR

Welchen Dolch trägt der Herr zu welcher Gelegenheit? Das Museum aus dem privaten Fundus der einflussreichen Zubair-Familie widmet sich der Kulturgeschichte Omans. Sehenswert sind u.a. historische Waffen, Münzen, Briefmarken, traditioneller Schmuck und besagte verzierte Dolche. Originale Kleidungsstücke zeigen, was man(n)/frau so in den verschiedenen Regionen trug. Im Innenhof des 1914 errichteten Gebäudekomplexes gibt es ein Café und einen Souvenirladen, der Literatur, Postkarten und T-Shirts verkauft. *Sa–Do 9.30–18 Uhr | Eintritt 3 RO | al-Bahri Rd. | baitalzubair.com | 45 Min. | a2*

INSIDER-TIPP: Omanische Haute Couture

GATE MUSEUM

Achtung, Fake: Das vermeintlich historische Stadttor *(english gate)*, in dem das Museum untergebracht ist, stammt aus dem Jahr 2000. Erzählt wird die Geschichte der Stadt Muscat und wer sie im Lauf der Jahrhunderte regierte. *So–Do 8–14 Uhr | Eintritt 500 bz | al-Bahri Rd. | 30 Min. | a1*

ESSEN & TRINKEN

Im Altstadtviertel von Muscat gibt es nur wenige Restaurants. Wer Zeit hat, fährt besser nach Mutrah.

AL-KHIRAN TERRACE RESTAURANT

Die sehr exklusive Adresse im Al Bustan Palace Hotel serviert jeden Abend einen anderen Kulinarikschwerpunkt. Empfehlenswert: die omanische Nacht am Donnerstag. Alkoholausschank. *Tgl. 18.30–22.30 | Tel. 24 79 96 66 | ritzcarlton.com | €€€ | m2*

BLUE MARLIN RESTAURANT

Ob spätes Frühstück, Mittagessen, entspanntes Dinner oder *sundowner* mit Alkohol: Im Blue Marlin am Yachthafen wirst du stets exzellent bedient. *Tgl. 8.30–23 Uhr | Marina Bandar Al Rowdha, al-Saidiya St. | Tel. 24 74 00 38 | €€ | m2*

SHOPPEN

BAIT MUZNA GALLERY

Wechselnde Ausstellungen lokaler und internationaler Maler, Bildhauer und Fotografen. *Sa–Do 9.30–13.30 u. 16.30–20 Uhr | al-Bahri Rd., gegenüber Bait-al-Zubair-Museum | baitmuznagallery.com | a–b2*

SPORT & SPASS

BOOTSTOUREN

Der Blick vom Wasser auf die Stadt und den Sultanspalast im alten Hafen ist bei tiefstehender Sonne auf der Sunset-Tour von *Coral Ocean*

MUSCAT & CAPITAL AREA

Tor in die Vergangenheit: Das Gate Museum erzählt die Geschichte Omans

Tours (tgl. 16–18 Uhr | Tel. 94 11 00 88 | coraloceantours.com) schlicht berauschend.

Von der *Almouj Marina (beim Flughafen | almoujmarina.com)* starten Touren auf die *Daymaniyat-Inseln (s. S. 64)*. Die Bootsausflüge von der *Marina Bandar Al Rowdha (al-Saidiya St. | marinaoman.net | m2)* haben unterschiedliche Ziele: am Nachmittag entlang der Küste, in den alten Hafen Muscat oder zum Hochseefischen. Du kannst aber hier auch einfach nur Seeluft schnuppern, Yachten gucken oder essen gehen.

WELLNESS

GRAND SPA

Wenn's deine Seele nicht ganz so exklusiv braucht und es dich nicht stört, dass der Wellnessstempel in einem Shoppingcenter untergebracht ist: Hier wirst du auf thailändische Wellness-Art durchgeknetet. *Sa–Do 10–19, Fr 13–20 Uhr | Salalah Gardens Mall | 18 November St. | Al Ghubra | Muscat | Tel. 24 69 57 66 | Facebook: Grand SpaMuscat | h2*

SPALOON

Wer sagt, dass Wellness nur was für Frauen ist? Jungs dürfen sich hier verwöhnen lassen. *Tgl. 10–22 Uhr | Muscat Expressway, Muscat 100 | Tel. 24 66 29 06 | spaloonom.com | k1*

AL BUSTAN PALACE HOTEL

Oman hat ein paar sehr ausgesuchte Adressen, wo du den verspannten Körper und die stressgeplagte Seele so richtig genial verwöhnen lassen kannst – etwa in dieser exklusiven Six-Senses-Spa-Anlage in einem weit-

RUND UM DIE ALTSTADT

Voller Licht und Leben: Mutrah leuchtet, wie in 1001 Nächten zuvor

läufigen Garten. *al-Bustan St. | Tel. 24 79 96 66 | ritzcarlton.com | m2*

STRÄNDE

AL-SIFAH BEACH
Dieser Strand liegt außerhalb der eigentlichen Stadtgrenze und ist über eine herrliche, gut ausgebaute Bergstraße zu erreichen. Wenige Kilometer nach dem ruhigen Fischerort *Qantab* verläuft sie durch eine abgelegene Bergwelt, passiert den Ort *Yiti*, kratzt am mangrovenbestandenen Ufer der *Bucht von Bandar Khayran* und endet am Sandstrand von *al-Sifah*, wo du prima baden kannst. Unter der Woche hat man seine Ruhe, an den Wochenenden sind der Strand und der gleichnamige Ort mit dem Hafen ein beliebtes Ausflugsziel. *0*

INSIDER-TIPP Entlegene Schönheit

RUND UM DIE ALTSTADT

1 AQUARIUM
5 km von Muscat / 7 Min. (Auto)
Im Aquarium des Marine Science & Fisheries Center sind u. a. Meeresschildkröten zu sehen, die man verletzt geborgen hat und die hier aufgepäppelt werden. *So–Do 10–14 Uhr | Eintritt frei | in der Marina Bandar Al Rowdha | m2*

2 SCHIFF SINDBAD
7 km von Muscat / 11 Min. (Auto)
Vor dem Al Bustan Palace liegt der originalgetreue Nachbau einer omanischen Dhau. Er erinnert an die Reise des Abenteurers Timothy Severin – der das Schiff auch bauen ließ – 1980 nach Kanton in China, damit Omans großartige maritime Vergangenheit

MUSCAT & CAPITAL AREA

nicht in Vergessenheit gerät. Das Besondere an dem Boot: Wie bei den Originalen wurde kein einziger Nagel verwendet. ⌘ m2

3 RIYAM ROAD ★
3 km von Muscat / 4 Min. (Auto)
Zwischen der Altstadt von Muscat und Mutrah verläuft über eine kleine Anhöhe die erste befestigte, 1929 eröffnete Straße Omans – bis 1970 auch die einzige. Sie folgt jenen alten Eselspfaden, über die man die Waren vom alten Hafen Muscat zum Souk von Mutrah transportierte. Stellenweise ist die Originaltrasse noch erhalten und du hast einen schönen Blick auf den Sultanspalast und die Altstadt. ⌘ l1

MUTRAH

(⌘ c–e 3–5) **Mit der omanischen Renaissance nahm die Bedeutung dieses historischen Viertels zu, in dem seit Jahrhunderten der größte Souk des Landes liegt.**

Die Bucht von Mutrah, nur 4 km von jener in Alt-Muscat entfernt, aber durch einen Bergrücken von ihr getrennt, ist größer als ihre Schwester. Die ⚑ historischen Kaufmannshäuser aus dem 18. Jh. vermitteln mit ihren Holzbalkonen noch etwas von dem alten Charme dieses Viertels. Sie gehören zum Liwatiyah-Viertel, das im 16. Jh. von schiitischen Handwerkern aus Pakistan gegründet wurde. Auch Omanis respektieren deren Bitte, das Viertel mit der Moschee und dem mit bunten Kacheln in schiitischer Tradition verzierten Minarett nicht zu betreten. In den kommenden Jahren wird die Bucht mit neuen Hotels, Restaurants und Attraktionen völlig neu gestaltet. Wie das am Ende aussehen soll, zeigt das (zu Redaktionsschluss noch nicht fertiggestellte) *Experience and Promotion Center*.

Von dem kleinen Wachturm an der Corniche gegenüber dem über dem Riyam-Park thronenden, riesigen weißen Weihrauchbrenner-Monument fängst du tolle Eindrücke mit der Kamera von der Mutrah-Bucht ein.

INSIDER-TIPP Meerblick mit Fotopflicht

SIGHTSEEING

BAIT AL-BARANDA
Ein Haus mit interessanter Vergangenheit, denn sowohl Amerikaner als auch Briten nutzten es als politische Repräsentanz. Das moderne Museum behandelt – mit kleinen technischen Raffinessen und großer Bandbreite – jede Menge Themen rund um Muscat. *Sa–Do 9–13 u. 16–18 Uhr | Eintritt 1 RO | Corniche Rd. | baitalbaranda. mm.gov.om | ⏱ 45 Min. | ⌘ d3*

FISCH- & GEMÜSEMARKT
Starte doch mal deinen Tag als Zuschauer beim fröhlichem Feilschen um frische Makrelen, Rochen, Thun- oder Schwertfische. Falls du eher auf kleine salzige Bällchen aus Ziegenkäse stehst: Schau auf dem *Gemüsemarkt* mit seinen lokalen Spezialitäten vorbei, der aufwendig neu gestaltet wird. Auf dem dahinterliegenden Areal des ehemaligen Contai-

MUTRAH

ner- und Militärhafens sollen in naher Zukunft elegante Hotels, Restaurants und Geschäfte entstehen. *[U] d3*

SOUK VON MUTRAH ★

Der ehemalige Lehmboden wurde gefliest, die löchrigen Palmwedel wurden durch eine schöne Decke ersetzt und kleine Krämerläden, in denen man einzelne Zigaretten kaufen konnte, gibt es auch immer weniger. Trotzdem ist der Souk immer noch sehr stimmungsvoll. Denn gerade in den kleinen Seitengassen finden sich Gold- und Silberpreziosen, feine Stoffe, omanische Kleidung, edle Parfums, bunte Knöpfe, Töpfe, Tassen und Alltagsdinge – weshalb immer noch viele Omanis gerne hierherkommen. Hab auch den Mut, in Seitengassen abzubiegen und sie zu erkunden. Verlaufen kannst du dich nicht: Entweder du stehst vor einem Berg oder am Wasser. *[U] e4*

MUTRAH FORT

Das im 16. Jh. von den Portugiesen erbaute Fort ohne nennenswerte Inneneinrichtung thront hoch auf einem Felsen und bietet einen herrlichen Blick über die Hafenbucht.  *Sa–Do 9–16 Uhr, Fr 8–11 u. 14–16 Uhr | Eintritt 500 bz | ⓘ 30 Min | [U] e4*

INSIDER-TIPP: Drohnenblick ohne Drohne

GHALYAS MUSEUM OF MODERN ART

Der Kunst ist in diesem kleinen, feinen Museum nur ein Raum gewid-

Tante-Emma-Laden auf arabisch: kunterbuntes Angebot im Mutrah Souk

met. Dafür zeigen seine in mehreren alten Häusern aus den 1950er-Jahren untergebrachten Ausstellungsräume das Alltagsleben der Menschen im Oman ganz ungeschminkt. *Tgl. 9.30–18 Uhr | Eintritt 1 RO | Corniche Rd. | ghalyasmuseum.com | ▯ f4*

ESSEN & TRINKEN

Gegenüber dem Fischmarkt finden sich kleinere Restaurants, die frischen Fisch und pakistanische Küche servieren – 🍴 hier zu schlemmen, ist gut und günstig. Am Eingang und im Mutrah Souk gibt's Sandwiches und frische Säfte.

AL-RAFEE RESTAURANT

Neben dem Blick auf den beleuchteten Hafen genießt du im indischen Restaurant zartes *butter-chicken*, frittiertes Gemüse und Fisch. 🍴 Günstig ist das *setmenue* mit lecker Lemon-Mint-Juice, geröstetem Gemüse, Huhn, Fisch und Dessert *Tgl. | al-Bahri Rd., neben dem Souk-Eingang | Tel. 24 71 39 33 | € | ▯ e4*

BAIT AL-LUBAN

Das edle Restaurant serviert gegenüber dem neuen Fischmarkt omanische Küche in orientalischem Ambiente, vor dem Balkon liegt dir der Hafen zu Füßen. *Tgl. 12–23 Uhr | al-Mina St. | Tel. 24 71 18 42 | baitalluban.com | €€–€€€ | ▯ d3*

LA BRASSERIE

Wer einen Ausflug in die gehobenere französische Küche machen möchte – *voilà,* hier is(s)t sie oder er richtig. *Tgl. 11–23 Uhr | al-Mina St. | Tel. 24 71 37 07 | €€€ | ▯ d3*

SEAGULL COFFEESHOP

Einfaches Restaurant, in dem du gut und ohne Touristenaufschlag speist. *Tgl. 10–12 u. 16–22 Uhr | al-Bahri Rd., neben Café Chef A | € | ▯ e4*

WOODLANDS

Sehr beliebtes indisches Restaurant mit nettem Personal und Schanklizenz – die hilft gegen Heimweh. Reservierung empfohlen. *Tgl. | al-Bank al-Markazi St. | Ruwi | Tel. 24 70 01 92 | €€ | ▯ l2*

INSIDER-TIPP
Keinen Bock mehr auf Wasser

SHOPPEN

Erste Anlaufstelle für Shopping-Erlebnisse ist auf jeden Fall der *Souk von Mutrah* (s. S. 50), wo du zusammen mit den Omanis bummeln gehst.

AL-THAQALIN

Hier wird fündig, wer omanische Musik und Literatur über den Islam sucht. *Tgl. 9–13 u. 16–21 Uhr | al-Bahri Rd. | ▯ e4*

SPORT & SPASS

BIG BUS TOUR

Das Hop-on-Hop-off-Prinzip erlaubt die entspannte, wenn auch nicht billige Erkundung von Muscat. Die Tickets sind bis zu 48 Stunden gültig. *Tgl. 9–17 Uhr | ab $ 66,30 | Start: Mutrah Souk | Tel. 24 52 31 12 | bigbustours.com*

RUND UM MUTRAH

4 SULTAN'S ARMED FORCES MUSEUM

5 km von Mutrah / 10 Min. (Auto)
Die Festung Bait al-Falaj aus dem 19. Jh. beherbergt heute das Museum der omanischen Streitkräfte, informiert aber auch ausführlich über die Geschichte des Ibadismus in Oman. *So–Do 8-13.30, Sa 9-12 u. 15-18 Uhr | Eintritt 1 RO | Al Mujamma St. | ⌑ I2*

5 RUWI SOUK

6 km von Mutrah / 15 Min. (Auto)
Angesichts der engen Bebauung ist es kaum vorstellbar, dass im Stadtteil Ruwi, auch CBD *(central business district)* genannt, bis Mitte der 1970er-Jahre der alte Flughafen von Muscat lag. Auf dem Souk gibt es jede Menge Elektronikartikel, Uhren, Stoffe und Kleidung zu günstigen Preisen, weshalb hier viele Inder einkaufen und man sich vor allem abends wie auf dem Subkontinent fühlt. In den vielen indischen und pakistanischen Restaurants isst man gut und günstig. *Ganztägig | Souq Ruwi St. | ⌑ I2*

6 SOUK AL-JUMA'A

8,5 km von Mutrah / 20 Min. (Auto)
Ein bisschen erinnert er an einen europäischen Flohmarkt, der „Friday Market", auf dem du vom Plastikspielzeug über Lebensmittel und Mode bis hin zum schicken Gebrauchtwagen alles Mögliche kaufen kannst.

Die voll fröhlichem Lokalkolorit steckende Fundgrube für das etwas andere Souvenir wird im Fastenmonat Ramadan einfach nach Sonnenuntergang abgehalten. *Ganztägig | an-Nuzhah St. | ⌑ I2*

> **INSIDER-TIPP**
> **Zeit zum Staunen und Stöbern**

QURUM, AL-KHUWAIR & BAUSHAR

(⌑ j-k 1-2) **Was seid ihr groß geworden! Die drei westlich gelegenen Stadtviertel Muscats belegen eindrücklich, wie sehr die Hauptstadt in den Jahrzehnten nach dem Amtsantritt von Sultan Qaboos gewachsen ist.**

Qurum entwickelte sich dank seines lang gezogenen Sandstrands zu einem beliebten Wohn- und Freizeitviertel, während sich in *al-Khuwair* Botschaften und Ministerien ansiedelten. *Baushar* wird heiß und innig geliebt von Off-Road-Fahrern, weil es hier so tolle Dünen gibt. Auf die schauen auch die Einwohner der neuen Apartmentanlagen, die zudem den Komfort großer Einkaufszentren genießen.

SIGHTSEEING

PDO – ÖL- & GASMUSEUM MIT PLANETARIUM 🌡️ 🔭

Die interaktive Ausstellung der Ölgesellschaft *PDO (Petrol Development Oman)* zeigt alles rund um die fossi-

MUSCAT & CAPITAL AREA

len Brennstoffe. Neben der Ausstellungshalle befindet sich ein *Planetarium* mit Reservierungspflicht *(Tel. 24 67 61 17). So–Do 8–15 Uhr | Eintritt frei | Sayh al-Malih St. | Mina al-Fahal nahe Qurum |* ⏱ *45 Min. | k1*

KINDERMUSEUM
Im Oman Children's Museum dürfen Kinder nicht nur, hier sollen sie sogar Sachen anfassen, um zu lernen wie das Sonnensystem funktioniert, warum Ballons aufsteigen und wie sich der Schall ausbreitet. Für Ein- bis Fünfjährige gibt es eine Spielecke. *So–Do 8–13.30, Sa 9–13 Uhr | Erw. 500 bz, Kinder frei | Sultan Qaboos St. | k1*

ROYAL OPERA HOUSE ★
Das 2011 eingeweihte Opernhaus – das erste auf der Arabischen Halbinsel – ist eine architektonisch elegante Besonderheit. Kenner schätzen die tolle Akustik, in der u. a. die aus Deutschland stammende Orgel besonders gut zur Geltung kommt. Sie ist Teil einer modernen, auf Schienen gelagerten Bühnentechnik, die einen Wechsel zwischen geräumiger Konzerthalle und großer Theaterbühne erlaubt. Stars wie Plácido Domingo verhalfen dem Haus zu internationaler Anerkennung. Allerdings führten die enormen, im Detail nicht bekannten Baukosten, im eigenen Land auch zu erheblichen Kritiken. Angesichts dessen ist es schon erstaunlich, zu welch erschwinglichen Preisen die Eintrittskarten schon zu haben sind. Tägliche *Führungen (8.30–10.30 Uhr)* zur

INSIDER-TIPP: Weltkultur zum Studententarif

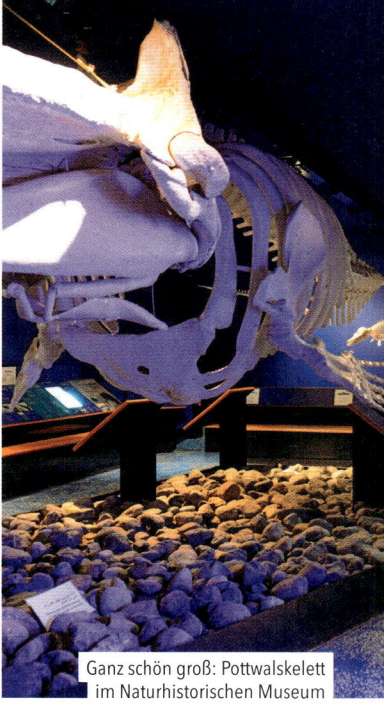
Ganz schön groß: Pottwalskelett im Naturhistorischen Museum

Architektur und Bühnentechnik. *Al-Kharjiyah St. | Qurum | Tel. 24 40 33 00 | rohmuscat.org.om | k1*

BAIT ADAM
Das liebevoll eingerichtete (Privat-)Museum zeigt seltene und einzigartige Artefakte aus der (Münz-)Geschichte des Sultanats. *Sa–Do 10–19 Uhr | Eintritt 5 RO | Way 2333, nahe 23rd of July Rd., Geb. 2881 | Qurum |* ⏱ *1,5 Std. | k2*

NATURAL HISTORY MUSEUM
Hier kannst du dich aus sicherer Distanz vor Skorpionen, Schlangen und haarigen Spinnen fürchten, vor sum-

QURUM, AL-KHUWAIR & BAUSHAR

Der riesige Teppich in der Sultan-Qaboos-Moschee besteht aus 1,7 Milliarden Knoten

menden Insekten ekeln, seltene Leoparden bewundern, elegante Oryxantilopen bestaunen und sogar Luchse entdecken. Einziger Nachteil – alle tot. Informative Schaukästen entführen in die grandiose Bergwelt Musandams und die große Sandwüste Rub al-Khali. In der Wal-Halle prangen das enorme Skelett eines Pottwals und die einiger Delphine. Im 🐘 Botanischen Garten drumherum steht u.a. ein Weihrauchbaum. *Sa 9–13, So–Do 9.30–13.30 Uhr | Eintritt 1 RO | 18th November St. | al-Khuwair |* ⏱ *1 Std. |* 📖 *j2*

SULTAN-QABOOS-MOSCHEE ⭐ 🐘

Warum anschauen? Weil die größte Moschee des Landes Stilelemente aus der gesamten arabisch-islamischen Welt vereint, in die auf harmonische Art und Weise lokale Architekturmerkmale aus dem Festungsbau und historischen Moscheen integriert sind. Weil bei der Gestaltung der sehenswerten Bogengänge auf dekorative Farben und Muster zurückgegriffen wurde, die die islamische Kultur im Lauf der Jahrhunderte entwickelte. Und weil es schlicht ein schönes Gefühl ist, mit nackten Füßen über den warmen Marmorboden zu wandeln.

Manchmal steht an einem der vier 47 m hohen Eckminarette eine Tür auf, sodass man ganz offiziell ein paar Stufen nach oben gehen kann und einen besseren Blick über den Innenhof hat. In der großen Gebetshalle *(musalla)* hängt der 14 m hohe Kron-

MUSCAT & CAPITAL AREA

leuchter mit Swarovski-Kristallen und 1122 Glühbirnen über einem der größten Perserteppiche der Welt. Männer müssen beim Besuch lange Hosen tragen, Frauen auch Arme und Kopf bedecken, sonst wird der Einlass verweigert! *Sa–Do 8–11 Uhr | Eintritt frei | Sultan Qaboos St. | Baushar | ⏱ 1–1,5 Std. | ⌑ j2*

ESSEN & TRINKEN

AL ANGHAM RESTAURANT ⚑
Landesküche in ihrer elegantesten Erscheinung – von der Zubereitung bis zur Location. *Sa–Do 12–15 u. 19–23 Uhr | Al-Kharjiyah St., neben Royal Opera | Tel. 22 07 77 77 | alanghamoman.com | €€€ | ⌑ k1*

CANDLES CAFÉ

INSIDER-TIPP
Die Uhr anhalten am Wasser

Die Meeresbrise auf der Haut spüren, einen Minztee schlürfen und beim Blick über den Ozean die Zeit vergessen. Oder eine Kleinigkeit essen. *al-Saruj St., hinter dem Grand Hyatt | Qurum | €–€€ | ⌑ j2*

SHOPPEN

MUSCAT GRAND MALL
Neben einem Einkaufsbummel durch 150 Geschäfte kannst du in diesem Freizeittempel auch in mehreren Restaurants essen, in Coffeeshops entspannen, bei Regen ins Kino gehen und Geld aus dem Automaten ziehen. *Tgl. 9–21 Uhr | Dohat al-Adab St. | al-Khuwair | muscatgrandmall.com | ⌑ j2*

OMAN AVENUES MALL
Eines der größten Shoppingzentren der Haupstadt bietet jede Menge Boutiquen, dazu Elektronikläden, eine Spielecke für Kinder und einen Goldsouk, dazu einen Lulu Hypermarket. *So–Mi 11–22, Do–Sa 10–23 Uhr | Sultan Qaboos St. | al-Khuwair | omanavenuesmall.om | ⌑ j2*

QURUM CITY CENTER
Neben dem großen Carrefour-Supermarkt und den üblichen Shops und Restaurants findest du hier auch Läden für Campingausrüstung sowie Sportgeschäfte, Optiker und Apotheken. *So–Do 10–22, Fr/Sa 10–24 Uhr | Muscat Expressway | Qurum | citycentrequrum.com | ⌑ k2*

SABCO CENTER
Wenn du deinen Kleiderschrank auffüllen willst, dann nichts wie hin in die große Shopping-Mall: In guten Stoffgeschäften wie etwa *Royal Textiles* fertigen Schneider innerhalb kürzester Zeit Kleider, Hemden und Hosen – nach Maß, versteht sich.
Das Sabco-Shopping Center ist zwar nur eines von mehreren Einkaufszentren an der al-Nahda Street, der Name hat sich aber stellvertretend für die Einkaufsmeile mit Restaurants, Cafés und Banken etabliert. Die Edelparfümerie *Amouage* hat im Center eine Niederlassung und bei *Tmreya* bekommst du

INSIDER-TIPP
Süße Verführung

herrliches Dattelkonfekt in feinsten Variationen als schöne Idee für ein Souvenir. *al-Nahda St. | Qurum | ⌑ k1*

QURUM, AL-KHUWAIR & BAUSHAR

SPORT & SPASS

QURUM NATIONAL PARK
Qurum ist das arabische Wort für Mangrove und der Park heißt so, weil nebenan ein Naturschutzgebiet für diese urigen Pflanzen liegt. Die sind – Allah sei Dank! – lärmunempfindlich, denn auch omanische Kinder toben nicht gerade leise auf den Karussells, die es im 🐵 *Marah Land (Sa–Do 8–13 u. 16–24, Fr 16–24 Uhr | Eintritt 300 bz, Kinder unter 5 J. frei | al-Qurum St. | Qurum Park)* gibt.

Ruhiger geht's auf dem kleinen See zu, auf dem du dich in Ruderbooten in die Riemen legen kannst. Oder du freust dich still über die prachtvollen Blumenbeete – ist eine Heidenarbeit, die zu pflegen! *Tgl. 8–23 Uhr | Eintritt frei | al-Qurum St. | 📖 k1*

STRÄNDE

QURUM BEACH 🌴
Der Strand von Qurum ist der längste und schönste der Hauptstadtregion. Außer an Feiertagen und Wochenenden hat man am Vormittag meist seine Ruhe. Lebendig wird es am Nachmittag mit omanischen Familien, Fischern und Fußball spielenden jungen Männern. *📖 k1*

AZAIBA BEACH
An diesem langen Sandstrand, der hinter dem Chedi Hotel beginnt, lässt es sich herrlich spazieren gehen und den Blick übers Meer schweifen lassen. Man kommt an kleinen Fischerhütten vorbei und an der Uferstraße finden sich kleine Restaurants für eine Stärkung zwischendurch. *📖 g1*

Bayern München? Oder Manchester United? Fußballfans am Strand von Qurum

MUSCAT & CAPITAL AREA

AUSGEHEN & FEIERN

DUKE'S BAR
Gemütlicher Pub mit *fish & chips* und Bier auf der Speisekarte, multinationalem Publikum und heiß begehrten Sitzen auf der Terrasse zum Sonnenuntergang. *Tgl. 12–15 u. 18–23 Uhr | al-Qurum St., im Crowne Plaza Hotel |* ⏤ *k1*

JOHN BARRY BAR
Elegante Bar mit Terrasse zum Meer, feinen Leckereien und innovativer Auswahl kühler Cocktails. *Tgl. 18–1 Uhr | al-Shati St., im Grand Hyatt Hotel |* ⏤ *j2*

SAMA TERRAZZA

INSIDER-TIPP
Olé mit Traumblick

Neben einem unschlagbaren Panoramablick und einem zwar kleinen, aber ausgesuchten Sortiment an Tapasgerichten findest du hier eine anspruchsvolle Auswahl an Weinen, Bieren und Cocktails. *Tgl. 18–1 Uhr | Sultan Qaboos St., im Park Inn Hotel*

RUND UM QURUM, AL-KHUWAIR & BAUSHAR

7 ZAWAWI-MOSCHEE
10 km von Qurum / 10 Min. (Auto)
Weil ihm die bayerischen Kirchturmuhren so gefielen, die er als ministeriale Begleitung des Sultans in Garmisch gesehen hatte, baute Qais al-Zawawi nach diesem Vorbild ein Minarett mit Uhr an seine Moschee. *Sultan Qaboos St. | Madinat Sultan Qaboos | nur von außen |* ⏤ *j2*

8 AMOUAGE
46 km von Qurum / 40 Min. (Auto)
Im edlen Besucherzentrum erfährst du alles über das exklusivste Parfüm Omans. Du darfst hinter die Kulissen schauen, an Pröbchen schnuppern und hemmungslos einkaufen, bis die Kreditkarte glüht. 👁 Die Führung ist kostenlos, informativ und man wird mit Datteln und *qahwa* begrüßt. *Tgl. 8.30–16.30 Uhr | Nizwa Rd. | al-Mawaleh | Seeb | amouage.com/visitors-centre |* ⏤ *G4*

9 OMAN AQUARIUM
54 km von Qurum / 45 Min. (Auto)
Ein bischen lustig ist die Ankündigung schon, dass im Oman Aquarium der Fokus auf einheimischen Arten liegen soll – und dann neben etwa 30 000 Fischen auch Krokodile und Pinguine zu sehen sind. Bei beiden handelt es sich nämlich, man ahnt es schon, um alles, nur nicht um Ureinwohner.
Aber das macht überhaupt nichts. Zudem ist ein Besuch in einem der größten Wasserzoos des Mittleren Ostens nicht nur ein Riesenspaß, sondern er lässt sich auch prima mit einem Einkaufsbummel verbinden. Du findest das Aquarium nämlich in der *Mall of Muscat*, einem riesigen Shoppingcenter. *Sa–Mi 10–22, Do/Fr 10–0 Uhr | Al-Salam St. | Seeb | Erw. 8,50, Kinder 6,50 RO |* ⏤ *G4*

DER NORDEN & LANDES- INNERES

ORIENT DER OASEN UND WADIS

Manchmal hat ein ordentlicher Bauch auch etwas Gutes. An der Küste Nordomans ist er stattliche 50 km breit: Batinah, „Bauch", so heißt die Küstenebene mit ihren fruchtbaren Obst- und Gemüsegärten.

Ihr lebensspendendes Wasser kommt durch grün leuchtende *wadis* herunter aus dem Hajar-Gebirge, in dessen steilwandigen Schluchten sich liebliche Bergoasen mit atemberaubenden Terrassenfeldern verstecken. Auf der südlichen Gebirgsseite gibt es dazu kaum

Wasser macht die Wüste grün: im Wadi Bani Khali

einen Fußbreit Boden, der nicht spannende Geschichte atmet. Schließlich wurde Oman jahrhundertelang von Oasenstädten wie Nizwa oder Bahla aus regiert. Mächtige, aufwendig restaurierte Festungen dominieren das Bild dieser Städte, deren Souks trotz neuer Shoppingmalls immer noch ein Lehrort gewieften Feilschens um die Dinge des täglichen Lebens sind.

MARCO POLO HIGHLIGHTS

★ FESTUNG BAIT NAAMAN
Wundervoller Blick über Palmenhaine von den Zinnen dieser eigenwilligen kleinen Festung ➤ S. 64

★ WADI BANI KHALID
Wasser verwandelt das Trockental in eines der schönsten des Landes ➤ S. 81

★ SOUK & FREITAGSMARKT
Restauriert, aber immer noch voller Atmosphäre: der Markt in Nizwa mit der quirligen Viehauktion ➤ S. 71

★ FESTUNG JABRIN
Farbenfroher und prächtiger geschmückt ist keine andere Wohnfestung ➤ S. 77

★ MISFAT AL ABRIYYIN
Die – besonders morgens – friedliche kleine Oase schmiegt sich in die raue Bergwelt ➤ S. 74

★ FESTUNG AL-HAZM
Reise in die Vergangenheit per Audio und Video: Omans wohl eindrucksvollste Festung ➤ S. 66

★ MUSEUM BAIT AL-SAFAH
Ein sprichwörtlich lebendiger Blick in den Alltag vor Jahrhunderten ➤ S. 74

★ AUSSICHTSPUNKT JEBEL SHAMS
Vom „Berg der Sonne" genießt du einen der schönsten Ausblicke Omans ➤ S. 75

★ WAHIBA-WÜSTE
Ein unvergessliches Bild – Kamele, Beduinen, Dünen bis zum Horizont ... ➤ S. 80

★ DHAUWERFTEN SUR
In den Werften von Sur wird die Schiffsbaukunst am Leben erhalten ➤ S. 82

BARKA

Mehr als 600 km lang ist die abwechslungsreiche Küste Nordomans mit ihren Sandstränden, felsigen Buchten und ruhigen Fischerorten.
Die rauen Bergrücken und gezackten Gipfel des Hajar-Gebirges begleiten sie beinahe auf ihrer gesamten Länge. Wer die Batinah-Ebene durchquert, die sich westlich der Hauptstadt Muscat entfaltet, mag kaum glauben, dass man sich in einem Wüstenstaat befindet: Die grünen Gärten, in denen im Schatten großer Dattelpalmenhaine Gutes für Leib und Leben gedeiht, sind ein Fest fürs Auge. Kulinarisch interessant sind auch die Gewässer des Indischen Ozeans vor der Küste: Hier liegen Fischgründe, die zu den artenreichsten überhaupt gehören. Kein Wunder also, dass die Menschen seit Jahrhunderten hier Bauern und Fischer sind.

So abwechslungsreich, wie sich die Region präsentiert, so spannend ist sie für Reisende. Die *wadis* etwa, durch die die Regenfluten aus den Bergen abfließen und die diesen Garten Eden bewässern, sind kleine Perlen der Natur. Sie werden – wie auch verschiedene einsame Berggegenden – immer stärker für spannende Wanderungen unterschiedlicher Schwierigkeitsgrade erschlossen. In den abgelegenen Dörfern ist zwar auch die Moderne längst angekommen, dennoch erlebst du hier noch viel vom alten Lebensrhythmus und kannst die mühsame Existenz vergangener Zeiten erahnen. Für Geologen ist das Gebirge ein Paradies, liegen doch Gesteinsschichten offen zutage wie sonst nirgends auf der Erde. Und abenteuerlustige Off-Road-Fahrer finden auf den staubigen Pisten anspruchsvolle Prüfungsaufgaben für ihr Können, während sich sportliche Naturen den Herausforderungen beim Abseilen oder Canyoning stellen.

In der östlichen Region, der Sharqiya, reichen die sanft geschwungenen Dünen der Wahiba-Wüste bis an die menschenleeren Strände des Indischen Ozeans. Und in der Hafenstadt Sur wird immer noch jener traditionelle Segelschiffstyp aus Holz gebaut, mit dem Sindbad, der legendäre Seefahrer, seine Abenteuer bestand.

BARKA

(G4) **Barka (100 000 Ew.) unterscheidet sich mit seinen Palmenhainen und Fischerbooten am Strand nicht wesentlich von den anderen Orten entlang der Küste. Trotzdem muss man hier einfach vorbeischauen – vor allem, wenn man Fan leckerer Süßspeisen ist.**

Barka ist nämlich dank seiner exzellenten Dessertköche in der gesamten Golfregion bekannt. Weil die traditionelle Süßspeise *halwa* den hiesigen Meistern der Küche besonders gut gelingt, wird sie von Kuwait bis Qatar sehr geschätzt und oft in großen Mengen geordert. Probier die Köstlichkeit unbedingt selbst auf dem örtlichen Souk!

Wer nicht zu den Süßköchen gehört, lebt von der Fischerei, der Landwirtschaft oder der Aufzucht teurer Rennkamele. Letztere sind ebenfalls über die Landesgrenzen hinaus bekannt.

DER NORDEN & LANDESINNERES

Noch Mitte des 18. Jhs. war Barka ein bedeutender überregionaler Hafen, dann verlor es seine Rolle an Muscat. Heute ist die Stadt aufgrund ihrer Lage ein idealer Ausgangspunkt für Ausflüge in die Bergwelt des westlichen Hajar oder an die Batinah-Küste.

SIGHTSEEING

FESTUNG

Von den Zinnen der nah am Strand gelegenen Festung hat man einen schönen Blick aufs Meer und geschichtsträchtigen Boden unter den Füßen. Dabei geht's um ein Abendessen Mitte des 18. Jhs., das alle Omanis kennen: Damals gelang es Ahmad bin Said al-Busaidi, dem Begründer der heute noch regierenden Al-Bu-Said-Dynastie, die Offiziere der persischen Besatzungsarmee der Batinah in eine Falle zu locken und schließlich zum Abzug zu zwingen.

Informative Schautafeln in den verwinkelt angelegten Innenräumen erzählen vom Leben entlang der Batinah in der Vergangenheit. *Sa–Do 8–16, Fr 8–11 Uhr | Eintritt 500 bz | 30 Min.*

Auktionen am Strand: der Fischmarkt von Barka

FISCHMARKT

Wer vor 9 Uhr morgens am Strand von Barka nahe der Festung eintrifft, erlebt

INSIDER-TIPP
Fisch zum ersten, zum zweiten ...

die typische Auktion (arabisch: *muzabanah*) frischen Fischs, bei der sich die interessierten Käufer um Thunfisch, Rochen und bunte Speisefische lautstark und fröhlich gegenseitig überbieten. In der überdachten Fischhalle nahebei werden die Käufe flugs zerlegt oder auf eisgekühlten Tresen für Späteinkäufer frisch gehalten. Um die Mittagszeit ist der Markt zu Ende. Nebenan befindet sich der Obst- und Gemüsemarkt, auf dem es auch das gute *halwa* zu kaufen gibt. *45 Min.*

ESSEN & TRINKEN

AL SHAM JUICES

In diesem „Saftladen" findest du nicht nur frische Getränke, sondern auch gute Sandwiches zum Mitnehmen. *Barka Main St. | €*

COSTA COFFEE
Auch die Engländer können Kaffee! Sie gehören zwar zur berühmtesten Zuckerbrühe der Welt (Coca Cola), aber dennoch: Der Kaffee ist prima! *Tgl. 10–22 Uhr | al-Seeb St., im Barka Grand Center (s. u.) | Tel. 26 98 16 09 | €*

MATHER RUWI PAKISTANI RESTAURANT
Typisches und gutes Schnellrestaurant mit immer leckeren Gerichten zum kleinen Preis, die aber auch mal ungewöhnlich scharf sein können. *Sheesha Rd. | Tel. 92 64 83 84 | €*

SHOPPEN

BARKA GRAND CENTER
Das große Einkaufszentrum beherbergt einen Carrefour-Supermarkt, dazu Boutiquen, Kinos, Restaurants und Fast-Food-Ketten wie Burger King und Subway oder Cafés wie Starbucks – wenn's mal eine Abwechslung sein darf. *Tgl. 10–22 Uhr | al-Seeb St., rechts neben der Autobahn Richtung Sohar*

STRÄNDE

SAWADI BEACH
Der herrlich lange Sandstrand ist zunehmend beliebt bei Kitesurfern und perfekt für Spaziergänge, entspannte Picknickpausen und natürlich zum Baden. *Ca. 10 km westl. von Barka*

SPORT & SPASS

DAYMANIYAT-INSELN
Vor dem Strand von Sawadi liegen die Daymaniyat-Inseln, ein Vogelschutzgebiet, das ohne Genehmigung nicht betreten werden darf. *Allu'luah Marine Tourism (The Wave, Almouj Marina | Muscat | Tel. 98 07 81 53 | dimaniyat tours.om)* bietet verschiedene Trips zu den Inseln an, darunter Ganz- *(9–17 Uhr)* oder Halbtagesausflüge *(8.30–12.30 od. 13.30–17.30 Uhr),* ein Vollmond-Dinner *(16–22 Uhr)* oder sogar eine Campingübernachtung mit Abendessen und Frühstück. *Abholung am Sawadi Beach*

RUND UM BARKA

1 FESTUNG BAIT NAAMAN ★
5 km von Barka, 10 Min. (Auto)
Diese kleine Festung, errichtet am Ende des 17. Jhs., fällt durch ihre außergewöhnliche Architektur auf: Sie ist eher hoch als breit. In ihrer langen Geschichte diente sie als Wohnschloss, Raststation auf dem Weg zwischen Muscat und der historischen Hauptstadt Rustaq und als politischer Versammlungsort.

Die in den restaurierten Räumen ausgestellten Dinge des Alltags erzählen anschaulich vom früheren Leben. Dass der heute trockene Bewässerungskanal fast bis ins 50 km entfernte Nakhl reicht, ist – der Legende nach – einer anspruchsvollen Frau zu verdanken: Eine Braut des Erbauers von Bait Na'aman, Saif bin Sultan, stimmte der Hochzeit nur unter der Bedingung zu, nicht auf das köstliche Wasser ihres Heimatorts bei Nakhl verzichten zu

DER NORDEN & LANDESINNERES

Auch in Festungen darf's mal bunt zugehen: im Inneren des Forts von Nakhl

müssen. *Sa–Do 9–16 Uhr | am westl. Ortsausgang ausgeschildert | Eintritt 500 bz |* ⏱ *45 Min. |* 🕮 *F–G4*

2 FESTUNG NAKHL

36 km von Barka / 30 Min. (Auto)
Die Festung von Nakhl, auch Husn al-Heem genannt, erhebt zu Recht den Anspruch, an einem der malerischsten Plätze Omans zu liegen: Sie thront auf einem hellen Kalksteinrücken vor dem 2000 m hohen, dunkel aufragenden Bergmassiv des Jebel Nakhl und ist umgeben von einem sattgrünen Palmenhain.

Das Fort liegt etwa 50 km von der Küste entfernt südlich von Barka und bewachte einst den Handelsweg ins Landesinnere. Seine Ursprünge reichen zurück in vorislamische Zeiten, später diente es verschiedenen Regenten als Amtssitz, die es nach persönlichem Gusto bis ins 19. Jh. hinein erweiterten. Interessant sind vor allem das prächtige Eingangstor und die mit persönlichen Gegenständen liebevoll ausgestatteten Schlafräume. Im *wali office* gibt ein Etikett Auskunft über die Herkunft der Teppiche: Kombinat Leipzig! *Sa–Do 9–16 Uhr | Eintritt 500 bz |* ⏱ *1 Std. |* 🕮 *F4*

3 AIN THOWARAH

39 km von Barka / 30 Min. (Auto)
Etwa 3 km hinter der Festung von Nakhl erreichst du nach einer Fahrt durch einen idyllischen Palmenhain und vorbei an Gärten mit herrlichen Bougainvilleen die heißen Quellen von Ain Thowarah im Wadi Hammam. Sie sind ein beliebtes Ausflugsziel bei den Omanis: Wer am Wochenende hierher kommt, erlebt quirligen Alltagstrubel, wenn sich Jugendliche und Familien zum Picknick, Grillen, Musizieren und Entspannen treffen.

RUND UM BARKA

Und natürlich zum Baden, obwohl das offiziell gar nicht gestattet ist. Es gibt ein kleines Restaurant, einen kleinen Supermarkt und ausreichend schattige Picknickplätze unter Palmen. Wenn du dagegen unter der Woche vorbeikommst, erwartet dich hier eine Oase der Ruhe. *F4*

4 RUSTAQ
75 km von Barka / 1 Std. (Auto)

Der Name Rustaq stammt aus dem Persischen und bedeutet „Grenzbezirk", denn im 7. Jh. waren die Küste und das angrenzende Gebirge von persischen Truppen besetzt. In der Geschichte Omans spielte die Stadt (95 000 Ew.) aufgrund ihrer strategischen Lage immer wieder eine bedeutende Rolle: Nasir bin Murshid, Begründer der Al-Ya'aruba-Dynastie, koordinierte ab 1624 von Rustaq aus die Vertreibung der Portugiesen. In den folgenden 160 Jahren war die Stadt wiederholt Regierungssitz der herrschenden Imame und deshalb religiöses und politisches Zentrum des Landes. Hier wählte man Mitte des 18. Jhs. Ahmad bin Said al-Busaidi, den Begründer der heutigen Al-Bu-Said-Dynastie, zum Imam, in der örtlichen Festung fand er seine letzte Ruhestätte.

Heute ist die Stadt auch für ihre ausgezeichneten Datteln bekannt. Sehenswert ist die verwinkelte Festung *Qalaat al-Qesra (Sa–Do 9–16, Fr 8–11 Uhr | Eintritt 500 bz | 30 Min.)*, die persischen Ursprungs ist. In ihrer heutigen Form entstand sie zu Beginn des 17. Jhs. Sie ist eine der wenigen Anlagen, deren Bewässerungskanal immer noch intakt ist. Jeder der vier Kanonentürme hat einen Namen, der nördliche heißt *burj al-sheitan*: „Teufelsturm". *F4*

INSIDER-TIPP: Fließende Antiquität

5 FESTUNG AL-HAZM ★
60 km von Barka / 45 Min. (Auto)

Ein lieblicher Garten schmückt den Innenhof dieser Festung, und das

---

WO BULLEN IHRE KRÄFTE MESSEN

Nicht Mensch gegen Stier, sondern Bulle gegen Bulle: Bei den Bullenkämpfen von Batinah, deren Wurzeln bis in die Antike zurückreichen, stemmen sich zwei der mächtigen Tiere Kopf an Kopf gegeneinander. Als Verlierer gilt, wer den ersten Schritt rückwärts tut. Klingt einfach, kann aber sehr lustig werden, wenn z.B. die Bullen keine Lust haben und sich störrisch zeigen. Nicht nur deshalb erfreuen sich dieser Wettkämpfe großer Beliebtheit. Barka hat eine kleine Arena (am westlichen Ende der Stadt) für die alle 14 Tage freitags stattfindende Veranstaltung, aber die Wettkämpfe können auch auf großen freien Sandflächen abgehalten werden. Einen Terminkalender gibt es nicht. In anderen Ländern wären solch traditionellen Events längst kommerzialisiert. Hier erlebst du völlig kostenlos fröhlichen, ungeschminkten Freizeitalltag.

DER NORDEN & LANDESINNERES

prächtige Eingangstor gehört zu den größten und schönsten des Landes. Darin eingeschnitzt ist u. a. der Name des Erbauers Sultan bin Saif II., der hier nicht nur bis zu seinem Tod 1718 lebte, sondern auch bestattet wurde. Angeblich räuberte er für den Bau der Anlage die Staatskasse, schuf damit aber eine der modernsten Festungen ihrer Zeit inklusive einer „Sprechanlage" vom ersten Stock hinunter in die Wachräume der Soldaten.

Die aufwendige Restaurierung und der Ausbau der verwinkelten Gänge, Gefängnisse, Kanonentürme und ehemaligen Wohnräume zu einem akustisch und optisch ebenso informativen wie eindrucksvollen „Multimedia-Sound-and-Lightshow-Event" waren sicherlich weniger belastend für die heutige Staatskasse, sind aber ebenso gelungen. Ganz ohne technischen Schnickschnack kommt der alte Bewässerungskanal aus: Sein leises Plätschern erfüllt den Innenhof mit friedlicher Ruhe. *Sa–Do 9–16, Fr 8–11 Uhr | Eintritt 500 bz | ⏱ 1 Std. | 🗺 F4*

Picknick-Hotspot: die heißen Quellen von Ain Thowarah

6 SOHAR
153 km von Barka / 100 Min. (Auto)

Sohar ist die größte Stadt der Batinah. Von ihrer glanzvollen Geschichte ist auf den ersten Blick nichts mehr zu sehen. Der Grund? Neid! Dass ihr Hafen bis ins 10. Jh. als das Tor nach China galt – hier starteten die gefährlichen, aber sehr lukrativen Handelsreisen in den Fernen Osten –, fuchste ihre Konkurrenz in Persien unheimlich. Vor mehr als 1000 Jahren fackelte man in so einem Fall nicht lange: Um die Vormachtstellung Sohars im Überseehandel zu brechen, überfielen die Buyiden die Stadt 971 kurzerhand und zerstörten sie samt im Hafen liegender Flotte vollständig. Sohar stieg danach nie wieder zu altem Glanz auf.

Zuvor war die Stadt auch ein Ort der Legenden. Denn wo ein Hafen, da sind auch Kneipen, und wo Kneipen sind, werden Geschichten erzählt. Zum Beispiel die von Sindbad dem Seefahrer, der ein Sohn Sohars gewesen sein soll – aber eigentlich eine literarische Figur aus den Märchen von „1001 Nacht" ist.

Im Jahr 1507 okkupierte Portugal dann Sohar und baute die *Festung (Fort und Museum bei Redaktionsschluss geschl., sonst Sa–Do 9–13.30 Uhr | Eintritt 500 bz)* aus. Sie ist heute neben dem 2 km nördlich gelegenen

Fischmarkt (nur vormittags) mit seiner geschwungenen Architektur ein interessantes Ziel. Das im Turm untergebrachte Museum gibt Auskunft über die bunte Vergangenheit.

Sohar gewinnt heute wieder an Bedeutung für die Wirtschaft Omans, denn 9 km nördlich der Stadt entstanden u. a. ein moderner Containerhafen und mehrere neue Industriekomplexe, darunter eine energieaufwendige Aluminiumschmelze. Mit dem *Sallan* beherbergt das *Sohar Beach Hotel (45 Zi. | Sultan Qaboos St. | Tel. 26 84 11 11 | soharbeach.com | €€€)* ein empfehlenswertes Fischrestaurant. Gut essen kannst du auch im *Restaurant Ward al-Fath (Sultan Qaboos St. | Tel. 97 23 19 90 | €–€€)* gegenüber dem Fischmarkt. *F3*

WADIS

Wadi Bani Awf: 100 km von Barka / 2 Std. (Auto)

Einige der schönsten *wadis* führen von der Küstenebene in oder durch die Berge. Die beste Gelegenheit für einen Besuch bietet sich von der Asphaltstraße zwischen Nakhl, Rustaq und Al Hazm, wo mehrere der Täler abzweigen. Um sie zu befahren, braucht man einen Geländewagen, einige lassen sich aber auch zu Fuß erkunden wie z.B. das *Wadi Abyad (F4)* nahe Nakhl. Hier bietet sich in natürlichen Pools auch die Gelegenheit zu einem erfrischenden Bad. Das Wüstencamp *The Dunes by Al Nahda (30 Zi. | ca. 25 km im Landesinneren | Tel. 97 23 57 00 | dunesbyalnahda.com | €€€)* bietet elegante Zeltbungalows in den Dünen.

Am Ende des 33 km langen *Wadi Mistal (F4)* lockt das 2000 m hoch gelegene Bergdorf *Wakan*. Sehr weit führt eine befestigte Straße in die beiden ⚑ Wadis *Sahtan* und *Bani Awf (F4)*. Von Letzterem zweigt die atemberaubende, aber nicht ganz einfache Piste zur schön gelegenen Bergoase *Bilad Sayt* ab. Abgerundet wird der Besuch der *wadis* durch ein Picknick im Schatten der Palmen oder Felsen. Da es in den kleinen Dörfern nur wenige Läden mit eingeschränkter Auswahl gibt, kaufst du am besten vorher in einem der größeren Supermärkte z. B. in Nakhl ein.

NIZWA

(F5) **Trotz umfangreicher Modernisierungen hat sich Nizwa (95 000 Ew.) viel von seinem historischen Flair bewahrt und ist ein idealer Ausgangspunkt für die Erkundung der nahe gelegenen Bergregionen.**

Vielen Omanis gilt Nizwa als heimliche Hauptstadt, da sie in der Geschichte und Religion eine bedeutende Rolle spielte. Aufgrund der strategischen Lage an den wichtigen Handelswegen Omans entwickelte sich der Ort schon früh zur herrschaftlichen Residenz. Im 7. Jh. erhielten die omanischen Jolanda-Könige hier den Brief des Propheten Mohammed mit der Aufforderung, zum Islam zu konvertieren – was sie auch bereitwillig taten. Von Nizwa breitete sich der Ibadismus über das ganze Land aus, Poeten, Autoren und Gelehrte wandelten durch die Gassen der

DER NORDEN & LANDESINNERES

Fehlt eigentlich nur noch der fliegende Teppich: Festung und Moschee von Nizwa

Stadt. Bis ins 12. Jh. war Nizwa durchgehend Hauptstadt, danach teilte sie sich diese Funktion mit Bahla, Jabrin oder Rustaq. 1970 wäre sie es beinahe wieder geworden, wirtschaftspolitische Gründe sprachen dann doch für Muscat.

Heute steht in Nizwa die bedeutendste Koranschule des Landes, zusammen mit vielen Universitäten und Fachhochschulen Omans ist sie das Ausbildungszentrum im Landesinneren. Neben seinen leckeren Datteln rühmt sich Nizwa außerdem für seine Handwerkskünste: Stöbere unbedingt bei den Silberschmieden nach einem besonders schönen Stück!

SIGHTSEEING

SULTAN-QABOOS-MOSCHEE
Angesichts der Ausstattung ihrer Namenscousine in Muscat sowie der religiösen Bedeutung Nizwas zeigt sich diese Moschee im Zentrum der Stadt überraschend schlicht in gedeckten Farben im Inneren. Männer dürfen nur in langen Hosen, Frauen nur mit Kopftuch (kein Verleih) und Obertei-

WOHIN ZUERST?

Nizwa ist sehr übersichtlich, alle Sehenswürdigkeiten – die Altstadt mit dem Souk, der Festung und der Moschee – liegen nah beieinander. Bester Ausgangspunkt für eine Exkursion durch die Gassen ist der große **PKW-Parkplatz vor den Stadttoren**. Wer mit dem Auto anreist, stellt den Wagen am besten dort ab. Die Haltestelle der öffentlichen Busse ist neben der Moschee, sodass man gleich mit der Besichtigung starten kann.

NIZWA

len mit langen Ärmeln eintreten. *Sa–Mi 8–11 Uhr | Eintritt frei | 60 Min.*

FALAJ DARIS

Über 130 Bewässerungskanäle versorgten ab 500 n. Chr. Nizwa mit Wasser, die meisten von ihnen (ca. 100) existieren heute noch. Dazu gehört auch der Falaj Daris, mit 8 km der längste und – zusammen mit vier weiteren Kanälen – Unesco-Weltkulturerbe. Kurz hinter Nizwa an der Straße Richtung Bahla tritt er an die Oberfläche. Dort ist ein kleiner Park, in dem omanische Familien an den Wochenenden gern ein Picknick machen.

FESTUNG & MUSEUM

Innerhalb von nur zwölf Jahren entstand ab 1650 der größte Festungsturm des Landes, stolze 40 m hoch, fast genauso breit und bis zur Hälfte mit Erdreich aufgefüllt, damit keine Kanonenkugel ihn umpustet. Sieben Schächte – durch die im Verteidigungsfall heißer Dattelsirup (!) geschüttet werden konnte – belüften den Treppenaufgang bis zu den Zinnen, von wo du einen hervorragenden Blick über Nizwa genießt. Finanziert wurde das Wahrzeichen angeblich aus einem einzigen erfolgreichen Raubzug der Omanis gegen portugiesische Besitzungen an der afrikanischen Küste.

Die Wohntrakte um den Turm stammen teilweise aus dem 9. Jh. und beherbergen heute ein sehr sehenswertes kulturgeschichtliches *Museum*, das u. a. das ausgefeilte Bewässerungssystem anschaulich präsentiert. Im Innenhof zeigen omanische Frauen, wie traditionelles Brot gebacken oder Ziegenbutter hergestellt wurde, es gibt es ein nettes Café und einen Souvenirshop. Der Eintritt ist mit 5 Rial

Zu groß fürs Handgepäck? Zum Glück ist die Auswahl im Souk von Nizwa riesig

DER NORDEN & LANDESINNERES

leider völlig überteuert. *Sa–Do 9–16, Fr 8–11 Uhr | ⏱ 60 Min.*

SOUK & FREITAGSMARKT 🚩
Der *Souk von Nizwa* wurde in den 1990er-Jahren aufwendig restauriert, steckt aber immer noch voll historischem Flair und bietet tolle Shopping-Erlebnisse in den vielen kleinen Läden, die Silberschmuck, Gewürze, Postkarten oder Literatur anbieten. 👁 Datteln kannst du kostenlos probieren, solltest dann aber deine Lieblingssorte auch kaufen.

Jeden Freitag findet auf einem von Palmen beschatteten Platz neben der Stadtmauer eine ⭐ Viehauktion statt, bei der Rinder, Ziegen und Schafe lautstark angepriesen und in einem fröhlichen Spektakel begutachtet werden. Besonders voll ist es vor religiösen Feiertagen, aber auch sonst vibriert an diesem Vormittag das gesamte Altstadtviertel. Es lohnt sich, früh aufzustehen und gegen 7.30 Uhr bei der Auktion zu sein, dann hast du genug Ruhe zum Fotografieren, bevor um 9 Uhr die ersten Reisebusse aus Muscat eintreffen.

Falls du es einrichten kannst, solltest du schon am Donnerstagabend anreisen. Dann erlebst du nämlich ganz entspannt den Fischverkauf im Souk, kannst dich orientieren, die Stille in den Gassen genießen und in Ruhe bei den Handwerkern einkaufen. Ein beliebter Treffpunkt ist die *Sykomore*, wie der Maulbeerfeigenbaum auch heißt, vor dem Eingang zum East Souq in Nizwa. Der kleine

INSIDER-TIPP
Nutz die Ruhe vor dem Sturm

Kiosk daneben verkauft günstige, köstliche Sandwiches mit Huhn oder Rind, kühle Getränke und leckeren *karak*-Tee mit indischen Gewürzen. ⏱ *3–4 Std.*

ESSEN & TRINKEN

AL FANAR RESTAURANT
Das Restaurant im Falaj Daris Hotel serviert internationale Küche, zu der du hier auch Alkohol trinken kannst. *Muscat-Nizwa Road Nr. 21, ca. 6 km vom Zentrum | Tel. 25 41 05 00 | €€*

AL DIYAR HOTEL
Zwar hat das Restaurant im gepflegten Hotel mit Pool im nüchternen Innenhof eher Kantinenatmosphäre, aber das Essen ist reichhaltig und gut. *Muscat-Nizwa Road Nr. 21 (ca. 4 km vom Zentrum) | Tel. 25 41 24 02 | aldiyarhotel.com | €€*

AL RUBBAN RESTAURANT & COFFEESHOP
Das kleine, unscheinbare Restaurant bietet leckere und günstige indische Küche sowie frische Säfte. *Hauptstraße neben der Shell-Tankstelle | Tel. 25 41 01 16 | €*

SHOPPEN

ALMUSHREQ ALARABI FLOUR MILL
Im kleinen Geschäft am zentralen Platz des Souk findest du exzellenten omanischen Honig, Datteln und verschiedene Arten frisch gemahlenen Kaffees – auch aus Dattelkernen(!). *Tgl. 9–12 u. 16–21 Uhr*

GEMÜSESOUK

In der Halle am südlichen Ende des Gemüsemarkts kann man Datteln und *halwa* probieren und die Lieblingssorte auch gleich kaufen. *Tgl. 9–13 u. 16–21 Uhr*

HISTORICAL BOOKSHOP

Postkarten, Briefmarken, Schreibutensilien, interessante Literatur (englisch) und ein nettes Gespräch über Oman verspricht ein Besuch in Ali Abdullah Said Al-Saifis Buchladen an der Straße zur Festung. *Tgl. 9–12 u. 16–21 Uhr*

NIZWA GRAND MALL

Lust auf Eislaufen? Das neue Versorgungszentrum der Stadt bietet neben dem exotisch-kühlen Vergnügen einen Lulu Hypermarket, Boutiquen, Elektronikgeschäfte, Restaurants und weiteres Freizeitvergnügen. *Sa–Do 10–22, Fr 14–22 Uhr | Nizwa-Salalah Road Nr. 31 | nizwagrandmall.com*

RUND UM NIZWA

7 MANAH

20 km von Nizwa / 20 Min. (Auto)

Südlich von Nizwa in Richtung Salalah liegt Manah, eine typische Lehmstadt der Region, die aufwendig restauriert wird. Deshalb ist sie nur eingeschränkt oder zeitweise leider gar nicht zu betreten. Mit chinesischem Porzellan verziert sind die Wände der drei Moscheen, deren Gebetsnischen vergleichsweise prunkvoll gestaltet sind.. Wer Glück hat, kann einen Blick hineinwerfen. *Tgl 9–17 Uhr / Eintritt 2 RO | 1–2 Std. | F5*

INSIDER-TIPP
Kostbarer Wandschmuck

8 OMAN ACROSS AGES

22 km von Nizwa / 20 Min. (Auto)

Das neue Museum an der Straße nach Salalah ist dank seiner Architektur nicht zu übersehen und allein deshalb einen Abstecher wert. Solltest du dich für die Geschichte des Sultanates interessieren, kommst du an diesen interessanten Hallen nicht vorbei. *Fertigstellung für Ende 2022 erwartet | F5*

9 TANUF

22 km von Nizwa / 20 Min. (Auto)

An der Straße von Nizwa nach Bahla zweigt rechts eine Straße zu den Ruinen der alten Lehmstadt Tanuf ab. Während des Jebel-Akhdar-Aufstands Ende der 1950er-Jahre, als sich ein abtrünniger Imam gegen den damaligen Sultan stellte, zerstörte die englische Luftwaffe den Ort. Da man die Bevölkerung jedoch gewarnt hatte, gab es kaum Opfer.

Wind und Wetter haben Tanuf in eine bizarre Kulisse verwandelt, die Moschee und einige Häuser sind noch gut zu erkennen und schöne Fotomotive. Hinter dem Ort steht ein alter Maulbeerbaum neben dem noch wasserführenden Kanal, der sehenswert an die steilen Felsen gemauert wurde und ins Wadi Tanuf führt. Mit einem Geländewagen lohnt die Fahrt zum Damm und weiter hinein ins Tal. *F5*

DER NORDEN & LANDESINNERES

Lost Place aus Lehm: Das zerstörte Tanuf verwittert spektakulär vor sich hin

🔟 AL-HOOTA-HÖHLE
37 km von Nizwa / 35 Min. (Auto)
Wenn du hier vorbeischaust, erwartet dich ein wahrhaft exklusives Erlebnis. Schließlich ist die Hoota-Höhle derzeit die einzige begehbare Tropfsteinhöhle Omans, ausgestattet mit Licht und Geländern. Zu bewundern gibt es neben schönen Gesteinsformen auch blinde Fische in einem kleinen See. Eine Reservierung wird empfohlen. Im Eingangsbereich gibt es ein Caférestaurant. Der Eintritt von 7 RO ist allerdings völlig überzogen – und Omanis zahlen die Hälfte. *Di–Do, Sa/So 9–18, Fr 9–12 u. 14–18 Uhr | Al Hoota Caves Access Road, Rwadah-Hamra Road | Tel. 24 39 12 84 | alhootacave.com | F5*

1️⃣1️⃣ JEBEL AKHDAR
80 km von Nizwa / 2 Std. (Auto)
Wie es sich für einen Berg gehört, herrscht auch auf diesem eine raue, geheimnisvolle Atmosphäre. Kein Wunder, lange war die Region militärisches Sperrgebiet, die Menschen blieben unter sich und bearbeiteten ihre an steilen Felsflanken gelegenen Terrassenfelder. Dort wachsen wegen der milderen Sommertemperaturen Granatäpfel, Aprikosen, Pfirsiche, Walnüsse und sogar Weintrauben. Daher auch der Name: „grüner Berg".
Erst 2005 erschloss eine Asphaltstraße die Region und die Stadt Sayq auch für Besucher. Sie ist so steil, dass der Polizeiposten unten im Tal nur Geländefahrzeuge passieren lässt. Neben den Felskanten mit herrlichem Blick in die Tiefe locken Wanderungen entlang der Terrassenfelder oder durch das Wadi Muaydin sowie ==der Besuch abgelegener Dörfer wie al-*Ruus* oder der Ruinen im Wadi Habib.==

**INSIDER-TIPP
Einsame Schönheiten**

RUND UM NIZWA

Die Gegend ist eigentlich viel zu schön, um an einem Tag abgehakt zu werden, außerdem haben die Sonnenuntergänge ihren ganz eigenen Reiz. Deshalb solltest du wenigstens eine Nacht hier verbringen. Die Hotels gehören zwar eher ins gehobene Segment – aber du hast doch Urlaub! Eine tolle Lage nahe den Sehenswürdigkeiten des Sayq-Plateaus hat z.B. das elegante *Sahab Hotel (25 Zi. | Tel. 25 42 92 88 | sahab-hotel.com | €€€)*, dessen Fassade sich dank der verwendeten Natursteine in die Landschaft integriert. Das Hotel organisiert Wander- und Klettertouren in der Region.

INSIDER-TIPP Blühende Pracht
Besonders schön ist eine Reise im März und April auf den „grünen Berg", wenn die Rosen in voller Blüte stehen. Dann werden ihre Blätter für die Produktion des berühmten Rosenwassers geerntet. Omanis verwenden es zum Kochen oder in Parfums. F4–5

12 AL-HAMRA & MUSEUM BAIT AL-SAFAH
50 km von Nizwa / 45 Min. (Auto)
Die *Oase al-Hamra* liegt vor einem großen Palmenhain am Fuß der Berge und erlaubt interessante Einblicke in die Lehmarchitektur der Vergangenheit. Von der Anhöhe gegenüber bietet sich ein wunderbares Gesamtmotiv, detaillierte Informationen über den historischen Alltag vermittelt das lebendige ★ *Museum Bait al-Safah (tgl. ca. 9–17 Uhr | Eintritt 3 RO | ⏱ 45 Min.)* in einem mehrstöckigen Lehmgebäude inmitten verlassener Häuser: Frauen backen hier traditionelles Brot, mörsern Kaffee und zeigen die Herstellung von Ölen und Arzneien. **INSIDER-TIPP Dünn und knusprig** F5

13 MISFAT AL ABRIYYIN ★
55 km von Nizwa / 1 Std. (Auto)
Diese liebliche Bergoase gehört zu den eindrucksvollsten Orten des Landes. Unzählige kleine Terrassenfelder schmiegen sich zwischen steile Felswände und dem immer noch lebenswichtigen Bewässerungskanal, sattgrünes Futtergras leuchtet unter majestätischen Palmen, während Transportesel über schmale Pfade balancieren. Bitte sei besonders rücksichtsvoll, da du in den schmalen Gassen beinahe durch die Wohnzimmer der Menschen spazierst und es in der Vergangenheit schon viel Ärger gab. Am frühen Morgen hast du die Oase fast für dich allein, deshalb lohnt sich eine Übernachtung in einem der Handvoll *guesthouses* besonders. Am Eingang des Ortes gibt es einen kleinen Laden wo du echten omanischen Honig direkt vom Imker kaufen kannst. **INSIDER-TIPP Bienenschmaus** Ahmed al-Apri hat das Handwerk von seinem Vater gelernt und kümmert sich mit seinen Brüdern um die Bienenvölker. Er betreibt auch ein nettes *guesthouse* am Rand von Misfat *(Tel. 99 44 21 02 | €)*. F5

14 SHARAF AL-ALAMAYN
70 km von Nizwa / 1 Std. (Auto)
Von Süden führt eine gute Asphaltstraße auf knapp 2000 m zur Passhö-

DER NORDEN & LANDESINNERES

Filigrane Kulinarik-Kunstwerke: traditionelles Brot im Museum Bait al-Safah

he Sharaf al-Alamayn. Der Blick schweift über die Bergwelt des westlichen Hajar mit der Ghubra Bowl, den Palmenhainen im Wadi Bani Awf und dem Eingang zum Wadi Sahtan. Kurz unterhalb der Höhe liegt das *Shorfet Al-Alamin Hotel (Tel. 99 44 90 71 | shorfetalamin@gmail.com | €)*. Trotz Heizung kann es hier nachts frisch werden, für Off-Road-Fahrer liegt es aber strategisch günstig an der Piste hinab Richtung Norden. *F4–5*

15 WADI NAKHAR
57 km von Nizwa / 1 Std. (Auto)
Dieses Tal ist der vom Jebel Shams aus zu sehende „Grand Canyon" Omans. Das stellenweise sehr schmale *wadi*, das bei Ghul beginnt, ist nach Regenfällen selbst für Geländeautos oft unpassierbar. Das wunderschöne Tal mit steilen Felswänden, kleinen, sich im Wind wiegenden Birken und mannshohen Schilfgräsern haben Wanderer mit wasserfestem Schuhwerk dann fast für sich allein, nur ein paar Ziegen stromern immer herum. *F4–5*

INSIDER-TIPP
Wasserfeste Wadi-Expedition

16 JEBEL SHAMS
92 km von Nizwa / 2 Std. (Auto)
Mit 3009 m ist der „Sonnenberg" der höchste Gipfel Omans, er lässt sich nur mit einem Geländewagen erkunden. Die Fahrt beginnt bei dem Ort Ghul, einem der ältesten besiedelten Plätze Omans und dank der grünen Felder vor den verlassenen Steinhäusern ein beliebtes Fotomotiv. Am Parkplatz (auch für PKW erreichbar) verkaufen die Einwohner die für diese Region typischen Teppiche aus Ziegenhaar. Ziel der Fahrt ist für die meisten Reisenden der ★ *Aussichtspunkt* an einer steil abfallenden Felskante in

RUND UM NIZWA

2000 m Höhe. Hier fällt dein Blick nicht nur in Omans „Grand Canyon", das Wadi Nakhar, und auf seine bis zu 600 Mio. Jahre alten Gesteinsschichten, sondern auch auf die in der Steilwand angelegten Terrassenfelder von Sap Bani Khamis. Zu dem verlassenen Dorf führt ein herrlicher, gut zu gehender Wanderweg.

> INSIDER-TIPP
> **Kolossal schöne Wanderung**

Dank mehrerer Übernachtungsmöglichkeiten kannst du die Bergwelt in aller Ruhe erkunden. Das familienfreundliche *Sunrise Resort Jebel Asarh (30 verschiedene Unterkünfte | Tel. 94 10 09 00 | sunriseresort-om.com | €–€€)* organisiert Wanderungen in den Bergen. ⌑ F4–5

🟥 BAHLA
41 km von Nizwa / 35 Min. (Auto)

Bahla ist eine Geisterstadt. Aber keineswegs verlassen und öde, im Gegenteil: Vital und lebendig geht es etwa freitags auf dem Wochenmarkt mit Viehauktion zu, wo du den Schustern und Schmieden über die Schulter blicken können. Auch in der Töpferei, in der du herzlich willkommen bis, geht es mit rechten Dingen zu. Aber warum dann die Nähe zum Übersinnlichen? Weil man manchen Einwohnern von Bahla magische Kräfte nachsagt! Die 13 km lange Stadtmauer etwa – die größte und längste des Landes – soll in einer einzigen Nacht entstanden sein. Und zwar mit Hilfe von Geistern, die sich offensichtlich auf Architektur spezialisiert hatten.

Bekannt aber ist Bahla vor allem für die Festung *Hisn Tamah (Sa–Do 9–16, Fr 8–11 Uhr | Eintritt 500 bz | ⏱ 45 Min.)*. Sie ist die größte des Landes, wurde 20 Jahre lang bis 2015 restauriert, ist Unesco-Weltkulturerbe – und recht karg eingerichtet. Dennoch lohnt der Besuch: Die Fundamente gehen auf präislamische Zeiten zurück, das Fort war wiederholt Regierungssitz und wurde dementsprechend häufig erweitert. Der älteste Teil ist die Zitadelle *(qasaba)* mit grandiosem Eingangsbereich, der durch einen hoch gelegenen Lichtschacht eindrucksvoll beleuchtet wird.

> INSIDER-TIPP
> **Erleuchtung ohne Strom**

Der jüngste Komplex, dessen Eingang im interessanten Originalzustand erhalten blieb, ist das *Bait al-Hadith:* Hier fand 1972 die historische Begegnung zwischen dem jungen Sultan Qaboos und den einflussreichen Stammesführern der Region statt. Rechts neben der Festung

DER NORDEN & LANDESINNERES

Stimmungsvolles Gotteshaus: Treffen in der Moschee von Bahla zur blauen Stunde

steht ein unscheinbarer Lehmkubus, auf dessen Rückseite eine Fensterfront den Blick freigibt in das Innere einer Moschee aus der Frühperiode des Islam und einer *mihrab* (Gebetsnische) aus dem 14. Jh. *F5*

**INSIDER-TIPP
Weiter Blick zurück**

18 FESTUNG JABRIN ★

42 km von Nizwa / 30 Min. (Auto)
Keine Wohnfestung Omans weist eine ähnlich vielfältige Innendekoration auf wie Jabrin. Bilarub bin Sultan al-Ya'aruba ließ die Anlage ab 1670 errichten und legte großen Wert auf eine farbenfrohe Ausstattung. Decken und Wände sind – bis heute teils im Original erhalten – mit arabischer Poesie und floralen Malereien verziert. Die Treppenaufgänge und Gewölbedecken wurden mit aufwendigen Stuckaturen versehen, und der östliche Innenhof mit den geschnitzten Holzbalkonen strahlt immer noch eine majestätische Ruhe aus. Dank massiver Mauern und Fenstern, die so ausgeklügelt angebracht sind, dass selbst der leiseste Lufthauch Kühlung verspricht, ließ es sich hier während der heißen Sommermonate gut aushalten.

Nach seiner Wahl zum Imam verlegte Bilarub 1688 den Regierungssitz nach Jabrin und lud Wissenschaftler verschiedener Fakultäten, darunter Mathematiker, Astrologen und Historiker, zu Studienzwecken in sein Wohnschloss ein. Im westlichen Gebäudetrakt findet sich auch die *madrasa*, die Koranschule. Sie blieb unvollendet, da der Bruder Bilarubs, Saif bin Sultan, selbst Imam werden wollte. Also scharte er einflussreiche Stämme um sich und belagerte Jabrin 1692 erfolgreich. Der Legende nach bat Bilarub

RUND UM NIZWA

angesichts der übermächtigen Streitmacht Allah um einen gnadenvollen Tod, der ihm auch gewährt wurde. Er ist in der Festung bestattet. *Sa–Do 9–16, Fr 8–11 Uhr | Eintritt 500 bz | ⊙ 1 Std. | ⌘ F5*

19 BIENENKORBGRÄBER

106 km von Nizwa / 75 Min. (Auto)
Für die Erforschung der prähistorischen Geschichte Omans spielen Gräber eine besonders wichtige Rolle, gibt es doch sonst kaum Zeugnisse aus ferner Vergangenheit. Besonders wichtig, weil sehr gut erhalten, sind die ihrer Form wegen Bienenkorb genannten Gräber zu Füßen des Jebel Misht nahe al-Ayn. Die in einer Reihe auf einem schmalen Felsrücken platzierten, aus grob behauenen Steinen aufgetürmten Bauten stammen aus der Bronzezeit und gehören zum Unesco-Weltkulturerbe. Obwohl keine menschlichen Gebeine gefunden wurden, gaben sie den Archäologen dank der aufgefundenen Keramikscherben wichtige Auskünfte über Leben und Sterben der Menschen, die vor 5000 Jahren in der Region siedelten. Die 18 Gräber zählen zu den am besten erhaltenen ihrer Epoche. Wer darin bestattet wurde, ist allerdings nach wie vor ein Rätsel. *⊙ 30 Min. | ⌘ F5*

20 ARABIAN ORYX SANCTUARY

490 km von Nizwa / 5,5 Std. (Auto)
In den 1960er-Jahren erlegten Wilderer die letzte Oryxantilope in Oman. Doch bereits 1975 richtete das Sultanat mit amerikanischer Hilfe bei Ja'aluni ein Naturschutzgebiet

Nur für Frauen! Ihren Kleidermarkt haben sich die Damen in Ibra selbst erkämpft

DER NORDEN & LANDESINNERES

ein, um die edlen Tiere mit Erfolg wieder anzusiedeln. Auf dem Gelände gibt es ein kleines, informatives Museum und ein Gehege mit ca. 80 Tieren. Übernachtungsmöglichkeiten findest du im nahen Haima. Für den Besuch braucht man eine kostenlose Genehmigung vom *Umweltministerium in Muscat (Tel. 24 69 35 37)*. *F8*

IBRA

(G5) **Ibra ist einer der ältesten Orte Omans und gilt bis heute als das Tor zur Sharqiya, der Region südöstlich von Muscat.**

Die kleine Oasenstadt mit heute 40 000 Einwohnern liegt zwischen östlichem Hajar-Gebirge und der Wahiba-Wüste. Durch das Regenwasser der Berge konnten in bescheidenem Ausmaß Dattelpalmen angebaut werden, sodass Ibra zum Versorgungszentrum der Beduinen wurde – und es heute noch ist. Eigentlich sind es zwei Oasen, denn lange Jahrhunderte lebten zwei Stämme hier in gepflegter Feindschaft, wovon die zahlreichen Wachtürme zeugen. Seit dem Amtsantritt von Sultan Qaboos herrscht Frieden und man hält jeden Mittwoch einträchtig einen der schönsten Wochenmärkte ab.

SIGHTSEEING

FRAUENMARKT

In den 1980er-Jahren war mittwochs Frauentag im örtlichen Krankenhaus. Irgendwann begannen die Besucherinnen mit dem Verkauf selbst hergestellter oder gebrauchter Kleidung, bis immer mehr Frauen eher den Markt als das Hospital besuchten. Als er geschlossen werden sollte, kämpften die Damen um die offizielle Anerkennung. Mit Erfolg!

Inzwischen ist der Markt überregional bekannt. Ein kleines Stück ist bis heute nur für Frauen zugänglich (bitte respektieren!), drum herum hat sich jedoch ein fröhlicher Flohmarkt entwickelt, auf dem vom Duftöl bis zum Teppich alles zu haben ist. Frühaufsteher können unter dem Sonnendach des Gemüsemarkts bis 9 Uhr eine Viehauktion erleben. *Mi 7–12 Uhr | 1 Std.*

MINZAFAH

Der historische Ortsteil Ibras ist ein hervorragendes Beispiel für die **großartige Lehmarchitektur Omans mit ihren geschwungenen Fensterbögen, wunderbar verzierten Holztüren und luftigen Innenhöfen – auch wenn alles mittlerweile verfallen ist.** Die großen, zum Teil mehrstöckigen Häuser gehörten wohlhabenden Kaufmannsfamilien, deren Segelschiffe im Afrikahandel eine bedeutende Rolle spielten. Der Souk ist trotz leerer verstaubter Läden sehenswert, einige Häuser in seiner Nachbarschaft wurden sogar restauriert und auch die Gärten scheinen sich von der Dürreperiode der vergangenen Jahre erholt zu haben, denn es wachsen wieder vermehrt Palmen in der alten Oase.

INSIDER-TIPP: Bröckelnde Pracht

RUND UM IBRA

Blinker? Unnötig! Erfahrung im Sand? In der Wahiba-Wüste überlebenswichtig!

ESSEN & TRINKEN

Während des Frauenmarkts bieten mobile Grillstationen in den Straßen saftige Fleischspieße *(mishkak)* mit leckeren Saucen nach Familienrezept an – unbedingt probieren!

GOLDEN STAR RESTAURANT & COFFEESHOP

Hühnchen lecker grillen, ohne sie austrocknen zu Lassen – das können die Köche hier ganz wunderbar, genauso, wie frische Säfte zubereiten. *al-Qala St. | €*

AL-NASEEB RESTAURANT

Gute indische Küche und das omanische Nationalgericht *shoowa,* über eine besonders lange Zeit gegartes Ziegenfleisch, werden hier serviert. *Main St. | Tel. 92 43 00 95 | €*

RUND UM IBRA

21 WAHIBA-WÜSTE ★

40 km von Ibra / 30 Min. (Auto)
Obwohl sie mit 15 000 km² recht klein ist, hat die Wahiba doch alles, was zu einer richtigen Wüste gehört: lang gezogene Dünenkämme, aufrechte Beduinen, stolze Kamele, die u. a. für Rennen gezüchtet werden und hohe Preise erzielen, romantische Sonnenuntergänge, aber auch einige unangenehme Bewohner wie Skorpion und Sandviper. Die sind jedoch selten, viel öfter erlebt man morgens eine so hohe Luftfeuchtigkeit, dass davon Insekten und Echsen ebenso wie eine erstaunliche Vielfalt an Büschen, Gräsern und Akazien leben können. Im

DER NORDEN & LANDESINNERES

Südosten stürzen die Dünen steil in den Indischen Ozean ab,  stellenweise haben Wind und Wetter "versteinerte Dünen" geformt, sogenannte Äolianite.

INSIDER-TIPP Dünen aus Stein

Am Nordrand der Wahiba gibt es eine große Auswahl an guten Wüstencamps, darunter das gemütliche, weil nicht so große *Nomadic Desert Camp (14 DZ-Hütten | Tel. 99 33 62 73 | nomadicdesertcamp.com | €)*, wo auch schon mal ein *oud*-Spieler (arabische Laute) am Lagerfeuer sitzt und du außerdem 👁 einen Kamelritt wagen kannst. Sehr luxuriös präsentiert sich das *Desert Nights Camp (26 Deluxe-Zelte | Tel. 92 81 83 88 | desertnightscamp.com | €€€)*, etwas zu groß geraten ist das *1000 Nights Camp (30 Zeltbungalows | Tel. 99 44 81 58 | 1000nightscamp.com | €€–€€€)*. Bei allen Camps kannst du dich abholen lassen und musst nicht extra einen Geländewagen mieten.

INSIDER-TIPP Wüste ohne Jeep

Eine Asphaltstraße führt zwischen den Orten Khuwaymah und Ras al-Ruways an der Küste entlang durch die Wahiba-Wüste. Dort kannst du ohne Geländewagen einen Spaziergang in die Dünen machen, ein Bad im Ozean nehmen und versteinerte Dünen bewundern. 📖 *G–H 5–7*

22 WADI BANI KHALID ★
90 km von Ibra / 1,5 Std. (Auto)

Steil aufragende Felswände, senkrecht stehende Erdschichten in ungewöhnlichen Formen und Schattierungen, liebliche Palmenhaine, darin versteckt liegende kleine Ortschaften, azurblaues Wasser in natürlichen Pools, die zum Baden zwischen mächtigen Felsbrocken einladen: All das ist das Wadi Bani Khalid, ein farbenfroh erfrischender Ausgleich zu den ockertrockenen Dünen der nahe gelegenen Wahiba-Wüste.

Der Abzweig nach links ins *wadi* liegt ca. 50 km von Ibra entfernt Richtung Sur. Im Ort *Wadi Bani Khalid* gibt es mehrere Restaurants und Supermärkte, bei den 👁 *Pools von Moqel* ein einfaches Restaurant mit Toiletten, wo man sich fürs Baden umziehen kann. Bitte beachte, dass Männer und Frauen aus Rücksicht auf die lokale Bevölkerung gebeten werden, beim Baden ein T-Shirt zu tragen. 📖 *H 5*

23 MASIRAH
420 km von Ibra / 5,5 Std. (Auto)

Am südlichen Zipfel der Wahiba liegt nur wenige Kilometer vor der Küste die Insel Masirah. Was sie zu bieten hat, ist – dass sie kaum etwas zu bieten hat. Deshalb ist Masirah noch sehr ursprünglich: Du findest einsame Strände, Meeresschildkröten (Abstand halten!) und eine spannende Vogelwelt. Trotzdem gibt es im Norden der Insel eine ausreichende Infrastruktur mit Restaurants und Hotels und für Kitesurfer herrschen an der Westküste tolle Windverhältnisse. Für sie gibt es nahe der Ortschaft *Sur Masirah* Kurse und Unterkunft beim Veranstalter *Kiteboarding Oman (Tel. 96 32 35 24 | kiteboarding-oman.com)*.

Die *Autofähre (nfc.om)* zur Insel verkehrt mehrmals täglich von Shannah auf dem Festland aus. 📖 *G–H 7–8*

SUR

(H5) **Sur ist die östlichste Stadt Arabiens und liegt an einer weiten Bucht, in der alte Holzschiffe pittoresk am Ufer verrotten, während die Sonne malerisch untergeht.**

Goldene Zeiten waren das im 18. und 19. Jh., als täglich mehr als 150 Schiffe den Hafen – einen der ältesten des Landes – besuchten und Handelsbrücken nach Indien, Südostasien und Afrika schlugen. Den stadteigenen Palmenhain, der die Seeleute mit Nahrung versorgte, gibt es heute noch. Nur fahren die Schiffe nicht mehr ganz so weit, denn die 100 000 Einwohner leben vom Fischfang oder arbeiten in der großen Erdgasverflüssigungsanlage vor den Toren der Stadt.

Die Schreiner von Sur, angesiedelt entlang der zentralen Hauptstraße, sind über die Stadtgrenzen hinaus bekannt für ihre hervorragende Schnitzfertigkeit: Kunstvoll verzieren sie massive Holztüren mit floralen Mustern. Zu bewundern sind die Türen etwa bei einem Spaziergang durch die schönen Gassen des Viertels *al-Ayjah*. Sur ist idealer Ausgangspunkt für die Erkundung des östlichen Hajar-Gebirges (nur mit Geländewagen!).

INSIDER-TIPP *Meisterliches Schnitzwerk*

WOHIN ZUERST?

Guter Ausgangspunkt für eine Besichtigung von Sur ist der **Parkplatz neben der Brücke über den Eingang der Bucht**. Zunächst schlendert man über die Brücke und erkundet die Gassen des Stadtteils Ayjah, genießt auf dem Rückweg einen Blick auf die Dhauwerften, die man anschließend besucht, und spaziert dann von dort weiter am Ufer der Bucht entlang zum Dhaumuseum.

SIGHTSEEING

DHAUMUSEUM FATAH AL-KHAIR

Wenige hundert Meter entfernt von den Werften ragt ein hoher Mast in den Himmel: Er gehört zur Fatah al-Khair, einer 300-t-Fracht-Dhau, die in Sur gebaut wurde. Um 1970 ausrangiert und ins Ausland verkauft, kehrte sie 20 Jahre später als Museumsschiff zurück, wurde restauriert und liegt nun für immer hier vor Anker. Um den Segler herum erinnern weitere Schiffstypen an die alten Zeiten, das Gebäude auf dem offenen Gelände ist als Museum geplant, steht aber derzeit leer. *Tgl. | Eintritt frei | Sur-Ayjah-Rd. | 20 Min.*

DHAUWERFTEN ★

Mitte der 1970er-Jahre musste mangels Aufträgen in ganz Arabien von Kuwait bis Abu Dhabi eine Bootswerft nach der anderen schließen. Nicht so in Sur, wo der Staat die drei Werften – die sich ein großes Gelände teilen – am Leben erhält, um die traditionelle Handwerkskunst vor dem Aussterben zu bewahren. Darum riecht es hier bis heute so gut nach dem importierten Teakholz, aus dem die Schiffe von Hand gezimmert werden.

DER NORDEN & LANDESINNERES

INSIDER-TIPP
Traumschiffe in klein

In einer unscheinbaren Garage mitten auf dem Werftgelände kann man hölzerne Dhaumodelle bestaunen – und auch kaufen. *Tgl. 8–19 Uhr | Eintritt frei | Sur-Ayjah-Rd. | ⏱ 30 Min.*

FESTUNG SINESILAS
Die Festung selbst bietet wenig, da sie kein Wohnschloss war, ist aber ein typisches Beispiel der lokalen Wehrarchitektur, und von ihrem Hügel hat man einen netten Blick über die Stadt.

ESSEN & TRINKEN

ARABIAN SEA RESTAURANT
Nomen est omen: Hier werden sehr gute Gerichte aus Meeresfrüchten und empfehlenswerte Leckereien aus der indischen Küche angeboten. *Markazi St., hinter dem Sur Plaza Hotel | €–€€*

OYSTER RESTAURANT
Die internationale Küche – darunter chinesische und arabische Speisen – wird hier entweder in Büfettform oder à la carte serviert. *al-Aise St., im Sur Plaza Hotel | €€€*

SAHARI RESTAURANT
Neben dem Blick über die weite Bucht überzeugt dieses einfache Restaurant mit arabischer Küche, Eilige bestellen aus der Fast-Food-Auswahl. *Sur-Ayjah-Rd., neben dem Ayjah Plaza Hotel | €*

SHOPPEN

Im Zentrum der Stadt, dem Viertel *Harat al-Balush*, finden sich nah bei-

Wo gewitzte Schreiner die schönsten Türen schnitzen: im al-Ayjah-Viertel von Sur

RUND UM SUR

Das Wadi Shab scheint wie eine Passage in eine gänzlich andere Welt

einander Banken, Geldautomaten, Schneider, Friseure, Stoff- und Elektrogeschäfte sowie Supermärkte. Souvenirjäger gehen hier dagegen eher leer aus.

STRÄNDE

WHITE BEACH
Inmitten der rauen Felsbuchten entlang der Küste nördlich von Sur befindet sich dieser kleine Sandstrand – daher sein Name. Er ist von Felsen herrlich umrahmt, bei Flut spritzt die Gischt meterhoch empor. Tagsüber ist meistens wenig los und du kannst in Ruhe baden, abends finden sich oft Reisegruppen oder andere Camper ein. Wer früh genug da ist kann sich den schönsten Spot am nördlichen Ende sichern.

AUSGEHEN & FEIERN

Eine Gerstenkaltschale schmeckt sowohl im *Cheers* des Resort Sur Beach Holiday an der Strandpromenade als auch im *Captain's Pub* des Sur Plaza Hotels in der al-Aise Street – wo auch die etwas elegantere *Sambuq Bar* mit Cocktails auf der Karte zu finden ist.

RUND UM SUR

24 QALHAT & MOSCHEE BIBI MARYAM
30 km von Sur / 35 Min. (Auto)
Etwa 20 km westlich von Sur liegen die Ruinen der Stadt *Qalhat*, die im

DER NORDEN & LANDESINNERES

12. Jh. zum persischen Königreich gehörte, u. a. von Marco Polo besucht und von ihm als blühende Metropole beschrieben wurde. Im 15. Jh. zerstörten ein Erdbeben und portugiesische Kanonen Qalhat. Zu sehen sind heute noch die alte Zisterne und daneben die *Moschee der Bibi Maryam*, benannt nach einer persischen Königin. ⌘ H5

25 WADI SHAB ▶ & WADI TIWI
48 km von Sur / 45 Min. (Auto)
Reinlaufen – hinsetzen – Augen zu und Ohren auf: So könnte ein Besuch von *Wadi Shab* aussehen eines der schönsten Täler Omans. Denn sobald man den schnöden Eingang mit kurzer Bootspassage *(1 RO)* unter der Autobahnbrücke hindurch hinter sich hat, wird es nach wenigen Gehminuten idyllisch: Wasser plätschert zwischen steilen Bergwänden, Felsen und Gräsern. Das Tal strahlt Ruhe aus, in den Palmen werkeln Gärtner und winken dir fröhlich zu. Pack deine Badesachen ein, denn nachdem du eine knappe Stunde bis ans Ende des *wadis* gewandert und geklettert bist, kannst du in den Pools unter Felsen hindurch in eine Schwimmhöhle tauchen.

INSIDER-TIPP Tauchen am Berg

In das benachbarte *Wadi Tiwi* führt eine 10 km lange Piste, an deren Ende du einen schönen Blick über das Tal hast. Das *Wadi Shab Hotel (34 Zi. | Tel. 24 75 76 67 | wadishabresort.com | €€–€€€)* erlaubt den stressfreien Besuch beider Wadis an einem Tag, in der Ortschaft Tiwi gibt es gute Restaurants, z. B. das *Mubarak bin Juma Restaurant. (Main St | Tel. 92 36 96 35 | €–€€)*. ⌘ H5

26 MAJLIS AL-JINN & BURJ AL-KIBAYKIK
75 km von Sur / 1,5 Std. (Auto)
Für diese sehr spannende Fahrt ist ein Geländewagen nötig. Der Lohn der Mühe, wenn du beim Ort Shab über eine steile Piste die Bergflanke hinauffährst: Von oben genießt du einen fulminanten Blick über die Küste.
Interessant sind auch die 4500 Jahre alten Grabtürme *Burj al-Kibaykik*. Etwa 70 dieser rätselhaften Türme, deren Erbauer noch nicht eindeutig identifiziert wurden, stehen einzeln oder in kleinen Gruppen über den weiten Gebirgsrücken verteilt, einige sind gut erhalten, andere zusammengestürzt.

RUND UM SUR

Nur Kletterprofis schaffen's in den „Empfangsraum der Geister": die Höhle Majlis al-Jinn

Weiter in den Bergen liegt der Eingang zur *Majlis al-Jinn* („Empfangsraum der Geister"), der zweitgrößten Höhle der Welt – allerdings sieht man nur ein dunkles Loch im Boden. Nur Profis können hier in die Unterwelt abtauchen, andere müssen ihre Fantasie bemühen. *H5*

27 HAWIYAT NAJM PARK
80 km von Sur / 1 Std. (Auto)
Die kleine Grünanlage mit Blumen, Palmen, Toiletten und Schattendächern ist um eine Doline angelegt, also eine eingestürzte Höhle im Kalkgestein. Eine Treppe führt wenige Meter hinab zu dem kleinen Teich, in dem man baden und sich erfrischen kann. Omanische Familien kommen gern für ein Picknick hierher. *H5*

28 STAUDAMM WADI DAYQAH
132 km von Sur / 2 Std. (Auto)
Mitten in den Bergen liegt dieser spektakuläre Damm mit großem Stausee. Angelegt ist er als Trinkwasserreservoir und Schutz gegen die regelmäßigen Regenfluten, die etwa in den 1990er-Jahren einer deutschen Reisegruppe mehr als nasse Füße bescherten. Steht man auf der Dammkrone, staunt man, wie viel Wasser sich hier angestaut hat. An den Wochenenden wird es voll, aber auch dann ist das blaue Wasser vor den zerklüfteten Bergen ein herrlicher Fotospot. *G5*

29 JA'ALAN BANI BU ALI
82 km von Sur / 80 Min. (Auto)
Der kleine Oasenort weist zwei Besonderheiten auf: Erstens findest du hier

DER NORDEN & LANDESINNERES

INSIDER-TIPP
Unrestauriert – aber schön!

eine massive Festung im Originalzustand mit meist offenem Eingangstor (die privaten Besitzer sind an einer Restaurierung nicht interessiert) – sei aber in den verfallenden Mauern sehr vorsichtig! Zweitens wird dich die kleine Hamouda-Moschee aus dem 11. Jh. mit einer für Oman ungewöhnlichen Deckenarchitektur faszinieren, die aus 48 Kuppeln besteht und an den Stil der Omayyaden erinnert. ⏱ *45 Min.* | 🕮 *H6*

30 AL-SALEEL-GAZELLENRESERVAT
68 km von Sur / 1 Std. (Auto)
In dem 220 km² großen Park leben seltene Tierarten wie Wildkatzen und Füchse. Lohnenswert ist ein Besuch aber besonders wegen der zierlichen Sandgazellen: Sie werden zur Auswilderung hier in Zuchtgehegen großgezogen. Der Abzweig von der Hauptstraße Richtung Ibra nach rechts ist ausgeschildert. Er ist keine touristische Einrichtung mit Öffnungszeiten: Fahr einfach hin und bitte um Einlass. 🕮 *H5*

31 RAS AL-HADD
46 km von Sur / 45 Min. (Auto)
Der kleine Ort befindet sich 60 km von Sur entfernt am östlichsten Punkt der Arabischen Halbinsel. Sehenswert ist die kleine *Festung (So–Do 8–18 Uhr | Eintritt frei)*. In der kleinen geschützten Bucht lässt es sich außerdem herrlich baden. 🕮 *H5*

32 RAS AL-JINZ
51 Km von Sur / 50 Min. (Auto)
Ras al-Jinz ist das Naturschutzgebiet für Meeresschildkröten und der einzige Strand, an dem man den bedrohten Tieren bei der nächtlichen Eiablage unter Aufsicht zusehen darf. Wer die Tiere allerdings wirklich gern mag, fährt gerade nicht hin – denn die Veranstaltung ist überlaufen. Eine Anmeldung für die Führungen ist erforderlich. Im Besucherzentrum sind ein informatives *Museum (tgl. 9–20 Uhr | Eintritt 1 RO)* und 31 Gästezimmer *(Carapace Rooms | €€)* untergebracht. *Ras al-Jinz Turtle Reserve | Tel. 96 55 06 06 | rasaljinz-turtlereserve.com* | 🕮 *H5*

SCHÖNER SCHLAFEN IM NORDEN & LANDESINNEREN

SCHLAFEN IN LEHM
In Nizwa kannst du im *Heritage Inn (Tel. 92 13 73 35 | €€)* stilvoll in einem der alten Lehmhäuser in direkter Nachbarschaft zur alten Festung übernachten.

TRÄUMEN IN DER HÖHE
Auf dem Jebel Akhdar gibt es mit dem *The Cliff Guest House (Whatsapp 96 8 98 83 63 56 | thecliffguesthouse.wordpress.com | €€)* im Bergnest ar-Ruus eine sehr gemütliche und authentische Übernachtungsmöglichkeit fernab vom Trubel.

SCHLUMMERN IN DER OASE
Die Bergoase Misfat al Abriyyin erlebst du am schönsten, wenn du mittendrin übernachtest. Das kannst du prima im *Misfah Old House (Tel. 92 80 01 20 | €€)*.

DER SÜDEN & RUB AL-KHALI

WEIHRAUCH, MONSUN UND WÜSTENLEERE

Wenn es in der Dhofarregion regnet, freuen sich die Gäste aus den arabischen Nachbarstaaten ein Loch in den Bauch über den Gruß aus feuchten Monsunwolken.

Mit den sagenumwobenen Weihrauchbäumen, den endlosen weichen Stränden an der Küste und der größten Sandwüste der Erde, der Rub al-Khali mit ihren orangerot leuchtenden Dünen, finden sich im Süden des Landes mehrere der schönsten Naturschätze Omans. Die Region Dhofar bedeckt nahezu ein Drittel des Landes

Malediven? Seychellen? Nein, Oman: am Souly Bay bei Salalah

und reicht von der jemenitischen Grenze im Westen gut 500 km Richtung Nordosten. Eigentlich bezeichnet der Name nur das Kalksteingebirge, das die Ebene rund um die Provinzhauptstadt Salalah begrenzt. Dort leben die *jebalis* (von arabisch *jebel*, Berg), die sich durch Kleidung und Sprache – einen schwer verständlichen, südarabischen Dialekt – von der omanischen Küstenbevölkerung unterscheiden. Man erkennt sie am freien Oberkörper und den um die Hüfte geschlungenen Tüchern.

DER SÜDEN & RUB AL-KHALI

MARCO POLO HIGHLIGHTS

★ FAZAYAH-BUCHT
Weißer, weicher Sandstrand, bizarr geformte Felsen, klares Wasser – Badeherz, was willst du Meer?! ➤ S. 84

★ RUB AL-KHALI
Versteckte kleine Oasen zwischen leuchtenden Sandbergen: die besondere Magie der Wüste ➤ S. 86

★ SUMHURAM
In der uralten Hafenmetropole werden 1500 Jahre omanische Geschichte wieder lebendig ➤ S. 86

★ FESTUNG TAQAH
Perfektes Zuhause – luftiger Innenhof für sommerliche Feste, genug Gäste-zimmer und schöner Blick aufs Meer ➤ S. 87

★ WADI DARBAT
Eines der schönsten Täler Omans mit verschwenderisch sprießender Flora und Fauna ➤ S. 89

★ WEIHRAUCHMARKT
Kaugummi mit Weihrauchgeschmack? Gibt's im Hafah Souk – einfach mal probieren und fröhlich feilschen ➤ S. 81

Den *jebelis* **gehören auch die riesigen Kamel- und Rinderherden, die sie als Statussymbol halten.**
Diese sind nicht nur zum wesentlichen Charaktermerkmal der Berge geworden, sondern zwingen auch jeden Autofahrer zu erhöhter Aufmerksamkeit. Die Berge sind auch für das Klima Dhofars verantwortlich, denn in den heißen Sommermonaten tragen starke Monsunwinde viel Feuchtigkeit an die Küste. Doch während sie im Flachland weiter nordöstlich wirkungslos verdunstet, stauen die gut 1800 m hohen Berge die Wolken. Sie bescheren der Gegend von Juni bis September viel Nieselregen und durchschnittlich 30° C, während das restliche Arabien unter der Hitze von bis zu 45° C ächzt. Deshalb trifft man in dieser Zeit, *khareef* genannt, viele Gäste aus den arabischen Nachbarstaaten.

In der Antike ermöglichte Weihrauch der Region einen komfortablen Wohlstand und brachte ihr die Bezeichnung „Arabia felix" ein – „glückliches Arabien". Ansonsten liegt die regionale Geschichte größtenteils im Dunkeln, zu den wechselnden Herrschern zählten Perser, Osmanen und Piraten. Seit 1877 gehört der Dhofar zwar offiziell zu Oman, allerdings hatten die Sultane wenig Einfluss. Der kam erst mit Sultan Qaboos nach der Beendigung des Dhofarkriegs 1975, in dem die Bevölkerung der Region sich gegen den alten Sultan erhoben hatte. Seitdem geht es den 350 000 Einwohnern u. a. dank der florierenden Fischerei und Landwirtschaft immer besser. Dazu tragen auch spektakuläre Straßenbauten bei, die grandiose Blicke über eine der schönsten Gebirgs- und Küstenlandschaften Omans freigeben. Zu ihnen gehören die Haarnadelkurven an den beiden Steilwänden des Wadi Afawl ca. 50 km westlich von Salalah und die Passage von Hasik nach Shuwaymiyah.

SALALAH

(C11) **Gut 15 km erstreckt sich die Stadt Salalah (200 000 Ew.) an der südlichen Küste des Dhofar. Ihre herrlich weißen Sandstrände werden gesäumt von windschiefen Kokospalmen und dichten Plantagen aus Früchte tragenden Papaya- und Mangobäumen und großblättrigen Bananenstauden.**
Dabei ist es noch gar nicht lange her, dass Salalah ein kleines Nest war. Noch in den 1940er-Jahren beschrieb der englische Reisende Wilfred Thesi-

WOHIN ZUERST?

Am besten parkst du deinen Wagen beim zentralen **Busbahnhof in der 23rd of July Street** im Herzen der Stadt, wo die Überlandbusse aus Dubai und Muscat ankommen. Gleich nebenan liegen der lebendige Zentralmarkt und die elegante Sultan-Qaboos-Moschee. Nur zehn Minuten sind es mit dem Auto zum Weihrauchmarkt, der Corniche und dem Sultanspalast.

DER SÜDEN & RUB AL-KHALI

Hier gibt's Feines zu futtern: Fischer-Alltag an der Dhofarküste

ger den örtlichen Markt als kleine Ansammlung windiger Lehmbuden – die allerdings eine der wichtigsten Versorgungsstationen entlang einer fast 1300 km langen Küstenlinie darstellten. Die Buden sind natürlich längst verschwunden, haben Platz gemacht für schmucke Neubauviertel, moderne Straßen, lebendige Märkte und eine wachsende Zahl einladender Badehotels. Nur vereinzelt finden sich in der Stadt noch Relikte aus vergangenen Zeiten wie etwa die Kalksteinhäuser im Hafah-Viertel, deren markante Zinnen ein Hinweis auf den jemenitischen Ursprung der Einwohner sind.

In den kommenden Jahren stehen Salalah weitere einschneidende Veränderungen bevor, denn der gesamte Küstenabschnitt östlich des Sultanspalasts wird umgestaltet. Die alten, maroden Häuserzeilen am Strand wurden bereits abgerissen und auch die Tage des Weihrauchmarkts in seiner jetzigen Form sind gezählt. Denn laut den Plänen des Tourismusministeriums entsteht hier ein neuer Markt in traditioneller Architektur. Den einheimischen Frauen werden darin geräumigere und klimatisierte Geschäfte zur Verfügung gestellt werden, nette Cafés und internationale Restaurants das Angebot erweitern und landestypische Hotels schöne Übernachtungsmöglichkeiten anbieten.

Ein typisches Merkmal der Küste rund um Salalah sind die vielen Lagunen *(khor)*, deren Wasser wegen der starken Monsunregen eine wechselnde Salzkonzentration aufweist. Nur besondere Pflanzen und Fische können

SALALAH

darin überleben, darunter dichtes Schilfgras, in dem viele Vögel sichere Brutgebiete finden. Zu den schönsten Buchten gehören *Khor Salalah* und *Khor Mughsail*, wo Kamele und Rinder knietief im Wasser grasen und Flamingos friedlich ihre Kreise über dem Meer ziehen.

INSIDER-TIPP: Pretty Flamingo

Ach, und noch etwas gehört zum Straßenbild von Salalah: die windschiefen Holzbuden der Früchteverkäufer im Schatten der Kokospalmen. Du findest sie entlang der Straßen in den Palmenplantagen (z.B. in Salalahs Stadtteil Dahariz). So frisch und günstig bekommst du sonst nirgends frische Kokosnüsse, Papayas oder die kleinen, süßen Bananen, für die der Süden Omans bekannt ist.

INSIDER-TIPP: Papayas aus dem Frischeparadies

SIGHTSEEING

AL-HUSN

Der Sultanspalast ist natürlich nur von außen zu besichtigen, aber bei einem kleinen Abstecher ab dem Weihrauchmarkt kommst du bei einem Spaziergang unter Königspalmen an dem kleinen Uhrturm und dem mächtigen Eingangstor vorbei.

AL-BALEED & WEIHRAUCHMUSEUM

Nur wenige Meter vom Strand entfernt liegen die Unesco-geschützten Ruinen der antiken Stadt *al-Baleed* („die Stadt"), die als Vorgängerin des heutigen Salalah gilt. Für deren Aufbau hat man angeblich einst einen Großteil der alten Steine verwendete. Die ersten Menschen siedelten wahrscheinlich bereits um 1000 v. Chr. an dieser Stelle in einer Stadt namens Zafar, aus der sich später die Bezeichnung Dhofar für Omans Südregion ableitete.

Rund 2000 Jahre später baute man die große Moschee, deren Grundmauern und 144 Säulensockel von deutschen Archäologen Mitte der 1990er-Jahre freigelegt wurden. Ihre Blütezeit erlebte al-Baleed im 13. und 14. Jh., von der sich auch berühmte Reisende wie Marco Polo und Ibn Battuta schwer beeindruckt zeigten – zumindest beschrieben beide die Schönheit der Stadt und den Wohlstand, den Händler mit Weihrauch und Pferden erwirtschafteten.

Das *Weihrauchmuseum* auf dem Gelände beschäftigt sich nur am Rande mit al-Baleed. Trotz seines Namens liegt der Fokus nicht auf edlen Räucherstoffen, sondern auf der gesamten omanischen Geschichte von Geografie über Seefahrt bis zur heutigen modernen Entwicklung. Zwei kleine Geschäfte verkaufen Weihrauch, Literatur und Souvenirs. *So–Do 9–21, Fr/Sa 15–21 Uhr | Eintritt 2 RO pro Auto | Sultan Qaboos St. | ⏲ 2 Std.*

NABI IMRAN

Das 33 m lange (!) Grab liegt im Garten einer kleinen Moschee. Nabi bedeutet Prophet, aber wer hier bestattet wurde, ist nicht ganz klar. Es könnte ein Lokalheiliger sein, manche Forscher bringen den Bestatteten auch mit dem Vater der heiligen Maria in

DER SÜDEN & RUB AL-KHALI

Die Sultan-Qaboos-Moschee von Salalah ist hell und freundlich – auch innen

Verbindung. *Sa–Do 8–20 Uhr | Eintritt frei | al-Matar St. | 15 Min.*

SULTAN-QABOOS-MOSCHEE

Sie ist längst nicht so groß wie ihr Pendant in Muscat, in dem 20 000 Gläubige Platz finden – hier sind es gerade mal 3200 Menschen. Ihr Interieur wirkt dafür nicht so überladen, sondern strahlt dank der hellen, freundlichen Farben vielmehr eine luftige Leichtigkeit aus. Dazu tragen auch die bunt bemalten Fenster bei, die viel natürliches Licht einlassen. So entsteht insgesamt eine einladende Atmosphäre, die zum Innehalten und Verweilen einlädt. Der separate Gebetsraum für die Frauen – die *Ladies Prayer Hall* – befindet sich auf der Nordseite der 2009 eingeweihten Moschee. Nichtmuslime beachten bitte die Kleiderordnung: lange Hosen für alle sowie langärmlige Oberbekleidung und Kopftuch für die Frauen. *Sa–Do 8–11 Uhr | Eintritt frei | 23rd of July St. | 30 Min.*

ESSEN & TRINKEN

WARDAT AL JANOOB

Indische Restaurants gibt es unzählige in der Stadt, aber im Wardat Al Ja-

SALALAH

Was raucht und schmaucht denn da so fein? Weihrauch im Hafah Souk

noob isst man ausgezeichnet zu fast indischen Tarifen *Tgl. 9–22 Uhr | al-Salamah St. | Tel. 23 23 47 63*

AL SAMMAK
Frisch zubereitete Meeresfrüchte genießt du hier mit Blick über den beleuchteten Yachthafen der Salalah Beach Marina. *Tgl. | Taqah Rd., im Juweirah Hotel | Tel. 23 23 96 00 | €€*

BAALBEK RESTAURANT
Sehr gutes libanesisches Restaurant mit Außensitzplätzen. Die Gerichte sind einen Tick teurer, aber jeden *baiza* wert.

> **INSIDER-TIPP**
> **Achtung, köstliche Vorspeise!**

Vor der Vorspeise kann nur gewarnt werden. Sie ist nämlich nicht nur verdammt lecker sondern auch sehr reichlich. Reservierung empfohlen. *Tgl. 18–24 Uhr | 23rd of July Rd. | Tel. 23 29 88 34 | €–€€*

DOLPHIN BEACH RESTAURANT
Sehr stimmungsvolles Strandrestaurant mit internationaler Küche, guten Fischgerichten und einer Alkohollizenz. *Tgl. 12–15 u. 19–22.30 Uhr | al-Khandaq St., im Crowne Plaza Hotel | Tel. 23 23 80 39 | €€€*

MAMGEEN RESTAURANT 🚩
Hier gibt es mit das beste Kamelfleisch der Stadt! Der Beweis? Viele Omanis, die in dem einfachen Restaurant (draußen) essen oder „to go" mitnehmen. *Tgl. 10–23 Uhr | Ecke Sultan Qaboos und Al Falah St. | Tel. 93 13 04 83 | €€*

HASSAN BIN THABIT RESTAURANT
Das Restaurant bietet eine große Auswahl an vegetarischen und Fisch- und Fleischgerichten aus dem Rezeptschatz der asiatischen und arabi-

DER SÜDEN & RUB AL-KHALI

INSIDER-TIPP
Krabben mit indischer Note

schen Küche. ==Köstlich ist z. B. das *prawn masala* mit Krabben nach einem indischen Rezept.== *Tgl. 16–24 Uhr | 23rd of July St. | Tel. 23 29 10 10 | €*

SHOPPEN

GOLD- & SILBERSOUK 🚩
In der 140 m langen Gasse bieten die hier ansässigen Juweliere eine ansehnliche Auswahl an fein gearbeiteten Arm- und Fußreifen, Ringen und Halsketten mit überwiegend indischen Stilelementen. Mit etwas Glück findest du auch ein schönes omanisches Schmuckstück. *Tgl. 9–12 u. 16–22 Uhr | al-Nahdah St.*

LULU HYPERMARKET
Gleich zwei Filialen dieser landesweit vertretenen Supermarktkette mit dem riesengroßen Angebot gibt es in Salalah. Die ältere und kleinere findest du in der *al-Matar Street* im Osten und die neue, größere in der *al-Rubat Street*. *Tgl. 9–23 Uhr*

SALALAH GARDENS MALL 🌡
In dem großen, luftigen Freizeitkomplex finden sich neben einem Kino auch Restaurants, Cafés und unterschiedlichste Shops, von der neuesten Kommunikationselektronik über Boutiquen bis zu traditionellen Handwerksprodukten. *Tgl. 9–24 Uhr | al-Rubat St.*

SALAM STREET
Die Salam Street zieht sich von Ost nach West durch Salalah und ist im Zentrum eine Einkaufsmeile mit Boutiquen, Parfümerien, Apotheken und Elektronikgeschäften. Abends belebt sich vor allem die Kreuzung zur Nahda Street, wo sich auch Geldwechsler und der Eingang zum Goldsouk befinden.

WEIHRAUCHMARKT ⭐ 🚩
Pfefferminz kann doch jeder! Auf dem vergleichsweise kleinen Hafah Souk nahe dem Strand im gleichnamigen Stadtteil gibt es Weihrauch nicht nur in verschiedenen Formen und unterschiedlichster Qualität in Stücken und als Öl, sondern auch als Kaugummi mit magenfreundlicher Wirkung. Daneben bieten die einheimischen Frauen, die sehr hilfsbereit sind und immer ein freundliches Lächeln für ihre Kunden haben, in ihren kleinen Läden zahlreiche andere Duftstoffe an: mildes Sandelholz, würzige Myrrhe oder das schwere Oud, ein teures Räucherholz des Adlerholzbaums. Bunte Weihrauchbrenner, mal traditionell, mal in modernen Glitzerfarben, ergänzen das Angebot.

Gerade mal 1 RO zahlst du auf dem Weihrauchmarkt für das 🐻 Einsteigerset in die Räucherwelt inklusive Kohle und Weihrauchbrenner. Derzeit ist das Marktgelände eine große Baustelle und atmosphärisch nicht sehr schön, die Weihrauchfrauen freuen sich trotzdem über deinen Besuch. *Tgl. 8–12 u. 16–21.30 Uhr | Sultan Qaboos St.*

CENTRAL MARKET 🚩
Natürlich kannst du auch zum Einkaufen herkommen. Schließlich gibt es hier die größte Auswahl an saftigen Datteln, frischem Obst, buntem Ge-

SALALAH

müse, fangfrischen Makrelen oder Thunfischen und Fleisch aus der Region von Ziege, Rind oder Kamel. Spannender aber ist es, wenn du dich (vorzugsweise am Vormittag) hierher aufmachst, um in einem der kleinen Restaurants einen Tee oder frischen Saft zu bestellen, zurückzulehnen und

INSIDER-TIPP
Sich im Leutegucken verlieren

den Mikrokosmos aus würdigen *jebalis* mit zerfurchten Gesichtern und eigenwilliger Kleidung, fröhlichen Händlern, feilschenden Frauen und fleißigen Trägern zu beobachten. *Tgl. 8–21 Uhr | 23rd of July St.*

STRÄNDE

SALALAH BEACH

Der Sandstrand von Salalah zieht sich die gesamte Küste vor der Stadt entlang. Der schönste Abschnitt beginnt auf Höhe des Weihrauchmarkts in Richtung Osten. Eine Flaniermeile auf Stelzen mit kleinen Pavillons vor der antiken Stadt al-Baleed stand bei Redaktionsschluss dieses Reiseführers kurz vor der Fertigstellung, dort sollen kleine Geschäfte und Restaurants einziehen. Im Stadtteil Daharíz gibt es einige Strandrestaurants mit kleiner Auswahl an Grillgerichten.

SPORT & SPASS

DOLPHIN TOURS

Mehr als 20 Arten von Walen und Delfinen leben ganz oder zeitweise in den Gewässern vor der Küste Dhofars – und eine davon taucht mit Sicherheit bei einer dieser morgendlichen Touren an die Oberfläche. Angeboten werden sie z. B. von *Al Fawaz Tours (Tel. 23 29 43 24 | alfawaztours.com)*.

SALALAH BEACH MARINA

Im Zentrum dieser neuen Wohn- und Freizeitanlage wenige Kilometer außerhalb von Salalah an der Straße nach Taqah im Osten liegt der Yachthafen mit seinen 200 Liegeplätzen, die von einigen schmucken Booten belegt sind. Die Touristenboote starten von hier zu Schnorchelausflügen, zum Hochseefischen oder einfach zu Fahrten entlang der Küste zum Sonnenuntergang.

An Land geht es dagegen noch etwas ruhiger zu, denn von den acht geplanten Hotels sind erst drei fertig und auch die beiden 18-Loch-Golfplätze sind noch nicht in Betrieb. Geöffnet haben dagegen schon ein paar chillige Cafés am Hafen und in den Restaurants der drei erwähnten Hotels findet

DER SÜDEN & RUB AL-KHALI

Nach Hause fahren? Nie wieder! Strandparadies Crowne Plaza Resort am Indischen Ozean

sich mit Sicherheit auch etwas für deinen hungrigen Magen, schließlich werden internationale Köstlichkeiten gereicht.

TAUCHEN
Es gibt in mehreren Hotels die Möglichkeit, eine Tour zu buchen und Ausrüstung zu mieten, etwa im *Sub Aqua Dive Center* im Hilton Hotel oder im Crowne Plaza. Das Tauchgebiet von *Extra Divers (Roshan Resort | Zuhayr St. | Mirbat | Tel. 98 04 61 67 | sumhuram.de)* ist besonders empfehlenswert.

AUSGEHEN & FEIERN

AL KHAREEF PUB
Die Kneipe im Stil eines englischen Pub bietet gute Drinks und Cocktails und einen feinen Blick auf den Ozean. *Tgl. 12–15 u. 18–2.30 Uhr | al-Khandaq St., im Crowne Plaza Hotel | Tel. 23 23 80 36*

THE OASIS CLUB
Die angesagte Adresse liegt etwas außerhalb der Stadt nahe dem Hafen von Raysut. Das Lokal bietet einen gute Auswahl an Drinks und Bieren, den Hunger kannst du u. a. mit guten Steaks effektiv bekämpfen. *Tgl. 11–22 Uhr | Mina St. | Raysut | Tel. 23 21 92 48*

WHISPERS
Legere Bar mit gelegentlicher Livemusik oder Tanzshows. *Tgl. 18–2 Uhr | Sultan Qaboos St., im Hilton Resort*

RUND UM SALALAH

1 FESTUNG TAQAH ★ ⚑
35 km von Salalah / 30 Min. (Auto)
Die Festung von Taqah ist ein kleines Juwel, in dem scheinbar die Zeit kon-

serviert wurde. Denn im Schlafzimmer des ehemaligen Scheichs Ali bin Timman al-Ma'ashani, der sie im 19. Jh. zu seinem persönlichen Schutz errichten ließ, steht immer noch das alte Himmelbett und die Wände verzieren bunte Bilder und verblichene Spiegel. Im Innenhof spendet eine Palme kühlenden Schatten und schafft eine entspannte Atmosphäre, sodass man am liebsten gleich hierbleiben würde.

Von den Mauern und Zinnen der Festung genießt du einen schönen Blick über die angrenzenden Gebäude bis zum Strand, und in der ehemaligen Küche zeugen originalgetreu nachgebildete Alltagsgegenstände vom Leben in vergangenen Tagen. Bis 1984 diente die fast zierliche Festung als offizielles Regierungsgebäude des örtlichen Gouverneurs. *Sa–Do 9–16, Fr 8–11 Uhr | Eintritt 500 bz | Taqah St. | 30 Min. | C11*

❷ SUMHURAM ★

42 km von Salalah / 35 Min. (Auto)

An den Ufern der Bucht Khor Ruri liegt auf einem Hügel, die antike Hafenstadt Sumhuram. Ihre Handelsverbindungen reichten ab dem 3. Jh. v. Chr. über Nordoman nicht nur bis in die Golfregion, sondern auch in den Mittelmeerraum und bis nach Indien. Damit war sie einer der wichtigsten Weihrauchhäfen dieser Zeit. Verschiedene Fundstücke wie Münzen, Amphoren oder Halbedelsteine belegen die Bedeutung Sumhurams ebenso wie seine Erwähnung unter dem Namen Moscha Limen in dem Schriftstück „Periplus Maris Erythraei" (1. Jh. n. Chr.), das die wichtigsten Seehandelsrouten rund um das Rote Meer beschreibt. Die Hafeneinfahrt zwischen den beiden Felsen am Strand ist heute durch eine Sandbank versperrt und musste schon damals aufwendig offen gehalten werden.

Zu der von der Unesco als Weltkulturerbe geführten Stadt gehörten neben dem Hafen mit Lagerhallen für den Weihrauch auch Wohnkomplexe und eine Tempelanlage mit großem Brunnen. Sumhuram entstand als Außenposten des jemenitischen Königreichs Hadramaut, das mit diesem Bau seine Vormachtstellung im Weihrauchhandel zu sichern hoffte.

Am Ufer der Lagune unterhalb der befestigten Hafenstadt liegt das sehenswerte, aber wegen der 🌡 Klimaanlage lausig kalte *Museum*, in dem viele Artefakte und eine Modellanlage des Hafens ausgestellt sind. Die Schautafeln an den Wänden informieren allerdings mehr über die Entwicklung des gesamten Sultanats als über die antike Weihrauchmetropole. *Tgl. 8–18 Uhr | Eintritt 1 RO | 1–2 Std. | C11*

❸ TAWI ATTAIR

60 km von Salalah / 55 Min. (Auto)

Wenn Wasser ins Spiel kommt, dann ist Kalkgestein machtlos. Es löst sich auf und bildet Höhlen – oder Dolinen, falls die Decke einbricht. Im Falle von Tawi Attair hat sich ordentlich viel Stein in nichts aufgelöst: Mit 200 m Tiefe ist sie eine der größten Dolinen der Welt.

An ihrem Boden befindet sich Wasser, das die einheimischen Bergbewohner

DER SÜDEN & RUB AL-KHALI

früher mühsam nach oben schleppten. Tausenden Vögeln, die hier fröhlich herumzwitschern, dient der Brunnen immer noch als Tränke, und nach ihnen ist er auch benannt – Tawi Attair bedeutet „Brunnen der Vögel". Sie umschwirren die Besucher auf der Aussichtsplattform, von der man auf die grandiosen, steil abfallenden Felswände in die Tiefe blickt. *C11*

INSIDER-TIPP Hitchkock lässt grüßen

4 WADI DARBAT ★
59 km von Salalah / 50 Min. (Auto)
Schon von der Küstenstraße erblickt man die 200 m hohe Steilwand des Wadi Darbat, an der sich während des Monsuns mehrere fotogene Wasserfälle bilden. Vom *wadi*-Eingang oben in den Bergen genießt man einen herrlichen Blick über die gesamte Küste und die markante Bucht Khor Ruri. Im *wadi* selbst führen anfangs mehrere Fußwege zur eingangs erwähnten Steilwand, weiter hinten leben einige Familien der *jebalis*, deren Kamel- und Rinderherden auf den grünen Wiesen fast das ganze Jahr über ausreichend Nahrung finden: Im *wadi* bildet sich während des Monsuns ein großer See, der noch Monate nach dem Ende der Regenfälle für ausreichende Bewässerung sorgt. Wilde Esel streunen herum, Murmeltiere knabbern an den Ästen und zwischen den großen Ficusbäumen, in deren Schatten Großfamilien Platz für ein Picknick finden, hört man das Miauen wilder Katzen. *C11*

INSIDER-TIPP Fußmarsch zum Abgrund

Uralter Weihrauchhafen in traumhafter Lage: die Ausgrabungen von Sumhuram

RUND UM SALALAH

Wer die Piste ins Wadi Shuwaymiyah schafft, wird reich belohnt

fen, wo du im *Sea Restaurant (Tel. 92 96 01 01 | €€)* leckere Fischgerichte serviert bekommst. **Besonders zu empfehlen ist der gegrillte Hummer mit einer leckeren *lemon-butter*-Sauce.**

INSIDER-TIPP
Hummer à la Mirbat

Vor den Toren der Stadt ist das *Mirbat Marriott Resort (237 Zi. | al-Fatah St. | Tel. 23 27 55 00 | marriott.com | €€€)* eine einsame, aber schöne Badeoase. ⊞ C11

6 HASIK
188 km von Salalah / 2 Std. 15 (Auto)
Hinter Mirbat beginnt eine geniale Strecke durch kleine Täler und entlang der felsigen Küste – nur gut, dass man heutzutage dank fotomächtiger Handys und dicker Speicherkarten einfach drauflosknipsen kann. Lass dir Zeit und gönn dir dann einen frisch zubereiteten Fisch im einfachen *Burj Hasik Restaurant (Mina St. | Tel. 99 28 73 87 | €)* in Hasik. ⊞ D11

5 MIRBAT
71 km von Salalah / 55 Min. (Auto)
Die bewegte Geschichte der Hafenstadt reicht bis ins 10. Jh. zurück, in ihrer Karriere war sie sowohl gefürchtetes Piratennest als auch erfolgreicher Weihrauchhafen. Aus letztgenannter Zeit, die im 18. Jh. endete, stammen die schönen alten Kaufmannshäuser der Altstadt. Der Zahn der Zeit hinterließ leider deutliche Spuren – doch nun werden die Häuser akribisch restauriert. Eine schöne Atmosphäre herrscht im kleinen Ha-

7 WADI SHUWAYMIYAH
283 km von Salalah / 3,5 Std. (Auto)
Einen weiteren Tag investierst du am besten in die grandiose Asphaltstraße durch das Dhofargebirge, die über unbeschreiblich schöne Serpentinen führt, mit weiten Ausblicken über die Küste. Ziel ist das fulminant schöne ⚑ *Wadi Shuwaymiyah* mit seinen steilen Kalkfelsen, natürlichen Pools und einer Palmenoase am Ende der 20 km langen Piste – für die allerdings ein Geländewagen nötig ist. Im Küstenort Shuwaymiyah gibt es kleine Läden und Restaurants und ein paar einfache *guesthouses*. ⊞ D10

DER SÜDEN & RUB AL-KHALI

8 JOB'S TOMB
30 km von Salalah / 40 Min. Auto)
Der Mann, der sprichwörtlich die schlechte Botschaften überbringt, wird im Islam als Nabi Ayoub (Prophet Hiob) verehrt – und muss ganz schön groß gewesen sein: Sein Grab ist stolze 4 m lang und liegt gut ausgeschildert *(Job's Tomb)* am Hang des Jebel Qamar im lieblichen Garten einer kleinen Moschee. Der Fußabdruck des Propheten, der sich angeblich unter dem Metalldeckel vor der Eingangstür verbirgt, hat die Schuhgröße 78! *Immer geöffnet | Eintritt frei | 27 km westl. von Salalah, Richtung An Nabi Ayyub | ⏱ 30 Min. | ⊞ C11*

9 WADI DAWKAH
62 km von Salalah / 1 Std. (Auto)
Nördlich von Salalah liegt das „Land of Frankincense" (engl. für Weihrauch). Bei diesem (Weltkulturerbe-)Park handelt es sich um eine Weihrauchbaumplantage, die den Erhalt der für die omanische Kulturgeschichte so wichtigen Pflanze gewährleisten soll. Schautafeln am Parkplatz geben Auskunft und du kannst die Bäume auch aus der Nähe fotografieren. *world heritagesite.org | ⏱ 20 Min. | ⊞ C11*

10 UBAR
171 km von Salalah / 2 Std. (Auto)
Sein oder Nichtsein – das ist auch hier die Frage. Handelt es sich bei den Ruinen nahe dem heutigen Örtchen *Shisr* am Rand der Wüste Rub al-Khali um Ubar, das sagenumwobene „Atlantis der Wüste", oder nicht? Tonscherben, wertvolle Münzfunde aus Syrien, Rom oder Ägypten und Schachfiguren sprechen für Wohlstand durch Weihrauch und ein weit verzweigtes Handelsnetz. Große Karawanen machten in Ubar Rast und versorgten sich an einer natürlichen – heute noch genutzten – Quelle mit Wasser.
Der Legende nach sorgte der immense Wohlstand allerdings für einen unsoliden Lebenswandel in Ubar, sodass Allah die „Stadt der sieben Türme", wie sie im Koran genannt wird, im Erdboden versinken ließ. Tatsächlich fanden sich in den Resten der Stadtmauer die Fundamente von sieben Türmen. Teile der Stadt sind zudem wirklich im Boden versunken, allerdings wohl eher, weil eine darunter liegende Karsthöhle einbrach. Archäologen äußerten angesichts der geringen Stadtgröße Zweifel, ob es sich wirklich um das legendäre Ubar handelt. Das „Atlantis der Wüste" kann man in einem langen, etwas anstrengenden Tagesausflug besuchen. Am besten verbindest du den Besuch mit einer Übernachtung in den Dünen. *⊞ B10*

11 RUB AL-KHALI ★
340 km von Salalah / 4 Std. (Auto)
Dieser Name passt wie der Beduine aufs Kamel: Rub al-Khali bedeutet „leeres Viertel", und in der mit 650 000 km² größten zusammenhängenden Sandwüste der Erde findet sich tatsächlich viel Nichts. Das aber ebenso majestätisch daherkommt wie die Dünen, die sich bis zu 250 m in den meist wolkenlosen Himmel erheben. Das Sandmeer bedeckt nahezu ein Viertel der Arabischen Halbinsel – und tatsächlich ist in seinem Zentrum, das in

RUND UM SALALAH

Im Zelt übernachten? Kann man machen – aber unterm Wüstenhimmel ist's schöner

Saudi-Arabien liegt, ein Überleben nahezu unmöglich.

Doch an den Randgebieten gibt es zwischen den nachmittags orangerot leuchtenden Dünenzügen eine Handvoll kleinerer Oasen. Eine davon ist *Hashmaan*, etwa 250 km nördlich von Salalah gelegen, dort, wo die ersten Sandberge zu finden sind. Die hiesigen Beduinenfamilien verbringen die heißen Sommermonate in klimatisierten Häusern. Doch sobald es abkühlt, ziehen zumindest die Männer oft wieder in ein einfaches Zelt zwischen die Dünen. Eine kleine Quelle mit schwefelhaltigem Wasser versorgt ihre großen Kamelherden – die ein wunderbares Fotomotiv abgeben. Mit etwas Glück erlebst du sogar die Geburt eines Kamels. Bis zur Oase Shisr führt eine gute Asphaltstraße, die letzten 75 km nach Hashmaan sind Schotterpiste. Es gibt kaum Übernachtungsmöglichkeiten außer Zelten in den Dünen, am schönsten ist es aber eh unter freiem Himmel. Wenn das so gar nichts ist für dich, du aber eine authentische Nacht in der Wüste verbringen möchtest, dann ruf Mussallem an *(Tel. 23 23 58 33)*. Er kennt die Dünen und betreibt ein einfaches Zeltcamp.
A–D 7–9

INSIDER-TIPP Tausend-Sterne-Hotel

12 STRAND VON MUGHSAIL & BLOWHOLES

48 km von Salalah / 40 Min. (Auto)
Der lange Sandstrand von Mughsail lädt zum Spazierengehen und Baden ein, weshalb es am Wochenende gerne voll wird. Die wenigen gemauerten

DER SÜDEN & RUB AL-KHALI

Schattenpavillons sind dann schnell von Großfamilien belegt, die das tun, was auch in Europa in solch einem Fall angesagt ist: Grillen. Unter der Woche ist der Strand dagegen so gut wie menschenleer, und man hat die Schattenpavillons fast für sich alleine.

Am westlichen Strandende liegen die Blowholes: ausgewaschene Löcher in den überhängenden Felsklippen, durch die bei Wellengang das Wasser spektakulär wie eine Fontäne in die Luft schießt, ähnlich einem Geysir. *B11*

13 FAZAYAH-BUCHT ★

65 km von Salalah / 60 Min. (Auto)

Bereits die Fahrt zur großen Bucht von Fazayah macht Laune, denn die Strecke führt am Strand von Mughsail vorbei zu den Haarnadelkurven an den Flanken des Wadi Afawl und weiter auf die Höhen des Jebel Qamar. Dort oben fühlt man sich ein bisschen wie der Ausguck im Mast eines Segelschiffs: Meeresbrise und ungetrübter Blick bis zum Horizont, nur sind da seben auch noch die steilen Felsklippen mit ihren bizarren Formationen. Eine steile, aber gute Piste führt hinab zu mehreren kleinen und großen Buchten mit feinen Sandstränden, wo du eigentlich spontan campen könntest – oder auch geplant: Decke und Kissen im Hotel leihen (aber wiederbringen!) und im Restaurant oder Supermarkt ein paar Leckereien zum Naschen mitnehmen. Mit etwas Glück ist auch ein Gleitschirmpilot vor Ort, der Tandemflüge anbietet. *B12*

QUELLEN DES DHOFAR

Das arabische Wort *ain* bedeutet u. a. Quelle, und in den weichen Kalkfelsen des Dhofar entspringen gleich mehrere: *Ain Razat* und *Ain Hamran* im Osten Salalahs sowie *Ain Garziz* im Westen. Die Quellen sind wegen ihrer Schattenplätze, kleinen Wasserfälle, Rasenflächen und Blumenbeete beliebte Picknickplätze. Baden sollte man wegen der möglichen Gefahr der Bilharziose-Ansteckung nicht. *C11*

KEINEN KATER DANK CANNABIS

Das wohlriechende Harz des Weihrauchbaums *(boswellia sacra)* benötigten die alten Ägypter zur Einbalsamierung, das antike Rom importierte es massenweise wegen seiner desinfizierenden Wirkung. Im antiken Griechenland findet sich eine Warnung gegen übermäßigen Gebrauch, denn der könne zur Betäubung führen. Ende der 1980er-Jahre wurde in der europäischen Literatur vermutet, „Arabia felix" wäre nicht nur wegen des Reichtums glücklich, sondern aus einem ganz anderen Grund: Beim Verräuchern des Harzes entstünde THC – ein Cannabis-Wirkstoff. Bis heute fehlt allerdings der wissenschaftliche Beweis. Erwiesen ist, dass Weihrauch gegen das sogenannte Hirnödem nach einer durchzechten Nacht wirkt, umgangssprachlich als Kater bezeichnet. Allerdings muss man es vor dem Feiern nehmen, nicht erst am Tag danach.

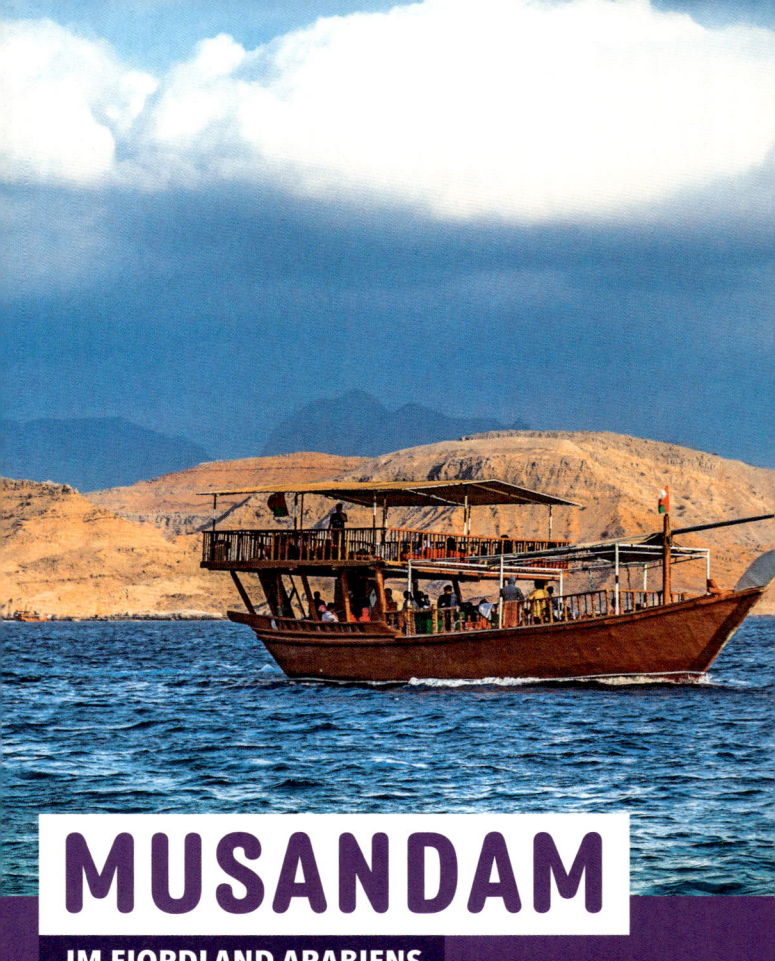

MUSANDAM

IM FJORDLAND ARABIENS

Der arabische Name Musandams lautet *ru'us al jibal* („Köpfe der Berge") und beschreibt treffend die betörend schöne Gebirgslandschaft des nördlichsten Gebiets von Oman.
Die kargen Bergrücken ragen mehr als 2000 m auf, ihre Steilwände fallen senkrecht ab in die zahlreichen Buchten, die der Region einen weiteren Spitznamen eingebracht haben: „Norwegen des Mittleren Ostens". Hie und da schimmern kleine weiße Sandstrände im Kontrast zum tiefblauen Wasser, während staubige Pisten hinauf zu den

Kreuzfahrt vor karger Kulisse: Khor Shimm

Gipfeln führen. Vorbei geht es an spektakulär gelegenen Einsiedeleien oder kleinen Dörfern, deren Bewohner dem Boden auf Terrassenfeldern und Plateaus etwas Obst, Gemüse, Getreide und Datteln abringen. Bei der Staatengründung in den 1970er-Jahren stimmte die Bevölkerung Musandams für die Zugehörigkeit zu Oman, ihre Nachbarn jedoch für die Vereinigten Arabischen Emirate, weshalb die Halbinsel heute eine Exklave ist

MUSANDAM

MARCO POLO HIGHLIGHTS

★ **FESTUNG VON KHASAB**
Das Museum gibt einen schönen
Einblick in Sitten und Gebräuche ➤ S. 92

★ **TAGESFAHRT MIT DER DHAU**
Die Fahrt mit dem traditionellen Segler
durch die Fjorde Musandams ist eine
Erinnerung fürs Leben! ➤ S. 94

★ **KHOR NAJD**
Meterdicke Felsplatten ragen senkrecht
aus dieser weiten Bucht ➤ S. 97

KHASAB

Wegen seiner Nähe zum Iran war Musandam bis 1992 militärisches Sperrgebiet, hat sich seither aber zum beliebten Ausflugsziel auch aus den nahen Emiraten entwickelt.

Deshalb kann es an den Wochenenden und Feiertagen voll werden. Zwar ist die Anreise mit dem PKW einfacher geworden, da an den Grenzen – anders als früher – Visa ausgestellt werden. Am einfachsten kommt man aber nach wie vor per Flugzeug nach Musandam, es verkehrt auch eine Autofähre zwischen Muscat und Khasab.

Gut 46 000 Menschen sind hier zu Hause, die sich durch zwei Besonderheiten hervortun. Sie tragen nicht den typischen Dolch *khanjar,* sondern eine kleine, langstielige Axt *(jirs),* und sie sprechen einen besonderen Dialekt, der arabische und persische Elemente vereint. Im Wesentlichen gehören sie zwei Stämmen an: Die *kumzaris,* deren Stadt Kumzar nur per Boot zu erreichen ist, leben ganz oben im Norden und haben eine nette Tradition: Wenn einer der Männer von der obligatorischen Pilgerfahrt nach Mekka zurückkommt, stellt er eine Schaukel vor sein Haus, die die Kinder des Ortes dann nach Herzenslust benutzen dürfen. Der andere Stamm sind die *shihu,* deren halbnomadische Lebensweise zum Bau besonderer Häuser führte, der *Bait al-Qufl* („Haus des Schlosses"). Die Böden dieser bis zu 200 Jahre alten Vorratshäuser liegen bis zu 2 m tief in der Erde, während die dicken, fensterlosen Mauern nur gut 1 m hoch sind. Ihren Namen verdanken sie einer besonderen Schließvorrichtung an der kleinen Holztür.

KHASAB

(*E1*) **Die Provinzhauptstadt (28 000 Ew.) ist der größte Ort der Region und liegt am Ausgang des lang gezogenen Wadi Khasab mit seinen malerischen, steil aufragenden Felswänden.**

Dort befindet sich auch der Flughafen, dessen Lage bei schwierigen Windverhältnissen dazu führen kann, dass Flüge aus Muscat umkehren müssen. Die Schnellfähre aus Muscat fährt – oder auch nicht *(Infos unter nfc.om).* Mit dem Bus dauert die Fahrt von Muscat nach Shinas rund drei Stunden, dort besteigt man die Autofähre nach Khasab und genießt den Trip entlang der zerklüfteten Küste Musandams, denn das ist der spannendste Teil der Fahrt.

> **INSIDER-TIPP**
> Der Hauch einer Hurtig-Schiffsreise

Fast die Hälfte der Bevölkerung Musandams lebt hier im Schatten der gro-

> **WOHIN ZUERST?**
>
> Aufgrund der geografischen Lage der Exklave Musandam kommen die meisten Gäste mit dem Flugzeug nach Khasab, das recht übersichtlich ist. Deine Exkursion durch die Provinzhauptstadt startest du am besten mit der Besichtigung der **Festung** (vor der es auch Parkplätze gibt). Danach machst du einen Spaziergang durch die Gassen der Palmenoase und trinkst im alten Stadtviertel einen Tee.

MUSANDAM

Sieht gar nicht so alt aus, stammt aber aus dem 17. Jh.: die Festung Khasab

ßen Palmenhaine, deren Datteln bis heute ein bedeutender Wirtschaftsfaktor sind. Die zweite Einkommensquelle in der Exklave ist die Fischerei, weshalb der Modernisierung und dem Ausbau des Hafens – auch für den Tourismus – große Aufmerksamkeit geschenkt wurde. Direkt am Hafen liegen der alte Ortskern (Old Souk) und die Festung, weiter talaufwärts ist der neuere Stadtteil New Souk.

SIGHTSEEING

FESTUNG VON KHASAB ★
Anfang des 17. Jhs. von den Portugiesen erbaut, nutzten einheimische Würdenträger die Festung bis zu ihrer Restaurierung Anfang der 1990er-Jahre. Auf den ersten Blick haut sie einen nicht um, aber auch eine Festung verdient eine zweite Chance! Achte also z. B. auf den separaten Turm im Innenhof – gibt's so auch nicht oft. Interessant wird's drinnen, wo mit Hilfe von lebensgroßen Puppen und antiquarischem Mobiliar anschaulich das Leben von früher nachgestellt wird. Ob du die Braut im Hochzeitszimmer nun schön findest, ist dabei egal, du solltest auf den tollen Schmuck schauen, der die Dame ziert. Das Hochzeitspaar soll sehr glücklich geworden sein ... Die Lage der Festung zeigt übrigens die Landgewinnung in der Bucht deutlich, denn zuvor lag sie direkt am Ufer. *Sa–Do 9–16, Fr 8–11 Uhr | Eintritt 500 bz | Mina Rd.* ⏱ *30 Min.*

ESSEN & TRINKEN

AL MAWRA RESTAURANT
Verlebe einen besonderen Abend auf der Terrasse mit arabischen Spezialitäten oder frischem Fisch und Blick aufs Meer. *Khasab Coastal Rd.,*

KHASAB

im Atana Khasab Hotel | Tel. 26 73 07 77 | €€€

AL SHAMALIYA GRILL & RESTAURANT

INSIDER-TIPP
Supernette Gastro-Oase

Trotz des arabischen Namens gibt es hier auch hervorragende vegetarische Gerichte aus Indiens Küche, dazu nettes Personal und Sitzplätze draußen. Main St. | Tel. 26 73 04 77 | €€

TELEGRAPH ISLAND

Kühles Ambiente, aber gute Auswahl an indischer, kontinentaler und arabischer Küche – probier hier unbedingt die abwechslungsreichen Vorspeisen (mezzeh). Mina Rd., im Lulu Hypermarket | Khasab Hafen | Tel. 26 73 05 77 | €€

INSIDER-TIPP
Mmmmh – Mezzeh!

WADI QADA RESTAURANT

Iranische Küche? Kennst du nicht? Dann teste sie in diesem kleinen, einfachen Lokal. Khasab Coastal Rd. | Tel. 99 83 42 05 | €

SHOPPEN

Die Einkaufsmöglichkeiten in Musandam beschränken sich im Wesentlichen auf die Dinge des Alltags, die du hier auch alle bekommst. Lediglich in der Festung werden Souvenirs angeboten ebenso wie in den wenigen verbliebenen kleinen Geschäften der Altstadt. Ein schönes Mitbringsel ist die *jirs,* die typische kleine Axt der Region.

LULU HYPERMARKET

Die Auswahl bei Obst und Gemüse ist nicht ganz so gut wie in den anderen Filialen im Land, sonst ist aber alles im Angebot. *Tgl. 9–23 Uhr | Mina Rd.*

STRÄNDE

STRAND VON BUSSA

Nördlich des Hafens von Khasab liegt der Strand, der auch bei Einheimischen wegen der Schattenplätze sehr beliebt ist. An den Wochenenden wird er von emiratischen Ausflüglern gern zum Zelten und für Picknicks genutzt. Nur mit dem Boot zugänglich sind einige schöne Strände nahe Khasab, zu denen man sich – auch zum Übernachten – von den örtlichen Ausflugsagenturen samt Zelt und Verpflegung bringen lassen kann.

SPORT & SPASS

BERGTOUREN

Die herbschöne Bergwelt verführt zu ausgedehnten Erkundungstouren mit dem Geländewagen. Oder du lässt dich an den schönsten Stellen in den Bergen für eine geführte Halb- oder Ganztageswanderung absetzen. *(Infos zu Agenturen s. Dhautouren).*

DHAUTOUREN

Die ★ klassische Tagesfahrt mit der Dhau führt in den Khor Shimm, und wenn das Wetter mitspielt, wird es ein erlebnisreicher Tag voller Delfinbeobachtungen, Besuch der Telegrafeninsel, Baden und Schnorcheln. Das Mittagessen wird an Bord serviert. Bei mehrtägigen Bootstouren erlebst du entweder unvergessliche Nächte unter den Sternen in stillen, einsamen Strandbuchten oder du lässt dich an Bord in den Schlaf schaukeln.

Touren auf einer Dhau werden angeboten etwa von *Musandam Sea Adventures (Tel. 26 73 00 69 | msaoman. com)* oder *Khasab Travel & Tours (Tel. 26 73 04 64 | khasabtours.com).*

KAYAKING

Zurücklehnen, Paddel fest mit beiden Händen umschließen und nicht an den morgigen Muskelkater denken – dann wird die Tour mit den schmalen Booten richtig genial. Wenn jetzt noch einer von den vielen Delphinen direkt neben deinem Kayak auftaucht … dann nicht erschrecken, die wollen wirklich nur spielen. Vielleicht solltest du aber doch schnell vorher die Eskimorolle lernen? Kein Problem, die zeigen dir die Jungs von *Dolphin Khasab Tours (Tel. 26 73 08 13 od. 99 56 66 72 | dolphinkhasabtours.com)*, bevor du ablegst – die wollen ihr schlankes Bötchen ja auch wiederhaben.

TAUCHEN

Wegen der kühleren Meeresströmungen ist das Meerwasser vor der Küste sehr klar und die Buchten Musandams gelten als exzellentes Tauchrevier. Die Chancen, auf einen der größten Bewohner in Neptuns Reich, den Walhai, zu stoßen, sollen hier sehr groß sein. Beim Team von *Extra Divers Zighy Bay (im Six Senses Zighy Bay Resort (s. S. 115 | extra divers-worldwide.com)* kannst du Ausflüge und Tauchgänge buchen.

RUND UM KHASAB

1 TELEGRAPHENINSEL

Zwischen 1864 und 1868 betrieb Großbritannien auf dem kleinen Eiland *Jazirat al-Maqlab* im Khor Shimm eine Telegrafenstation. Ihre technische Ausrüstung stammte von Siemens und sie sollte helfen, Indien mit London zu verbinden. Wegen häufiger technischer Störungen stellte man den Betrieb jedoch wieder ein und nur die Grundmauern der Gebäude erinnern heute noch an diese Episode. Angeblich stammt die Redewendung „to go round the bend" („verrückt werden") von englischen Soldaten, die auf der Felsinsel in feindlichem Ge-

Auf Touren mit der Dhau triffst du verspielte Schiffsbegleiter

RUND UM KHASAB

Spektakuläre Küstenstraße: unterwegs in den Felsen bei Bukha

biet unter der heißen Sonne Arabiens Dienst tun mussten. *Besuch im Rahmen von Dhautouren* | ⌘ *E1*

2 WADI QADAH
8 km von Khasab / 15 Min. (Auto)
An der Küstenstraße Richtung emiratische Grenze liegt der kleine, unscheinbare Ort Qada am Ausläufer des gleichnamigen *wadis*. Folgt man der Piste hinein, gelangt man zu den Häusern von Tawi, wo auf der linken Seite ein paar markant große Felsbrocken liegen. An deren Unterseite prangen, vor der Sonne geschützt, ca. 2000 Jahre alte eindrucksvolle Felsbilder von Kamelen, Menschen und Booten. ⌘ *E1*

3 BUKHA
34 km von Khasab / 40 Min. (Auto)
Richtung emiratischer Grenze liegt bei Tibat der kleine Ort Bukha mit seiner 300 Jahre alten *Festung (Sa–Do 9–16 Uhr* | *Eintritt 500 bz* | *Khasab Coastal Rd.)*, deren besonderes Merkmal die quadratische Grube im Innenhof ist. Darin wurden Gefangene festgehalten, bis sie unter der prallen Sonne verschmachteten.

Auf einem Felsrücken am Fuß der steil aufragenden Berge erhebt sich eine weitere kleine befestigte Anlage, von der man einen herrlichen Blick über die Bucht und den Fischerhafen von Bukha genießt. Neben der Festung liegt eine alte, restaurierte Moschee, die zwar meist verschlossen, aber ein schlicht-schönes Gebäude ist – und nicht aus Lehm errichtet wurde wie die ehemaligen Wohnhäuser drum herum, sondern aus dem Gestein der umliegenden Berge. Direkt neben der historischen Moschee wurde die neue Sultan Qaboos Moschee errichtet ⌘ *E1*

MUSANDAM

4 KHOR NAJD ⭐

25 km von Khasab / 30 Min. (Auto)
Diese wunderbare Bucht erreichst du auf einer gut ausgebauten Asphaltstraße, nur das letzte kurze Stück ist eine feste Piste. Von der Anhöhe kannst du besonders schön die senkrecht ins Meer abfallenden Gesteinsschichten sehen und wer Lust hat, geht eine Runde schwimmen. **Fahr am besten in den Morgenstunden auf die Anhöhe vor der Bucht, dann ist das Licht besonders schön.**

> INSIDER-TIPP
> **Der frühe Vogel fängt das Licht ein**

Adlerauge aufgepasst – von Khasab kommend liegt am Abzweig nach links zum Khor Najd ein kleines Gehöft, direkt daneben ein sehr gut erhaltenes *Bait al-Qufl* und darin wiederum ein paar sehr schöne große Vorratsamphoren! Ach ja, und wenn du geradeaus weiterfährst, kommst du zu einem kleinen Wald, dem *Birkat al-Khaldiya*. Für die Menschen ist er ein wichtiger Holzlieferant – und für dich womöglich ein schöner Picknick- oder Zeltplatz? ⌨ *E1*

5 JEBEL HARIM & RAWDAH BOWL

40 km von Khasab / 90 Min. (Auto)
Zwar kommt man nicht ganz bis auf den Gipfel des *Jebel Harim*, denn dort thront eine Militärstation, aber der Ausblick von dem kleinen Parkplatz kurz davor ist schon ganz schön eindrucksvoll. Wenn du dich ein wenig umsiehst, wirst du in den umgebenden Steinen viele Fossilien von Muscheln und Meerestieren finden.
Auf der staubigen Piste nach oben, die nur mit einem Geländewagen befahren werden kann, passiert man das Sayh-Plateau mit bescheidener Landwirtschaft. Vom Aussichtspunkt führt die Piste über Bergrücken hinab in das schmale Wadi al-Bih und weiter in eine große, von wilden Akazien bestandene Ebene, die *Rawdah Bowl*. Hier gibt es tolle Picknickplätze und einige sehr gut erhaltene *Bait al-Qufl*, die typischen Vorratshäuser. ⌨ *E1–2*

6 DIBBA

160 km von Khasab / 2,5 Std. (Auto)
Der kleine Ort gehört zu Musandam, ist von Khasab aus aber derzeit nicht über Land erreichbar, da die Straße durch die Berge noch nicht fertiggestellt ist. Ob die Fähre von Khasab fährt, musst du checken *(nfc.om)*.
Dibba liegt an der Ostküste nahe der Grenze zu den VAE und ist ein schönes Badegebiet mit guten Tauchmöglichkeiten. Deshalb findet sich an der abgelegenen Küste auch eines der luxuriösesten (und teuersten) Badehotels Omans, das *Six Senses Zighy Bay Resort (82 Zi. | Zighy Bay | Tel. 26 73 58 88 | sixsenses.com | €€€)* mit Tauchbasis und möglicher Anreise per Gleitschirm (!) ab der Passhöhe über dem Hotel.
Dibba selbst ist dreigeteilt und gehört jeweils zu Oman und den Emiraten Schardscha und Fudschaira, Grenzen gibt es aber keine. Fans eher morbider Sehenswürdigkeiten besichtigen den Friedhof von Dibba, liegen hier doch die Gebeine Tausender Steuersünder aus dem 7. Jh.: Angeblich weigerten sich die Einwohner Dibbas, ihre Steuern zu zahlen, woraufhin der Kalif aus Bagdad nicht lang fackelte … ⌨ *E2*

ERLEBNIS TOUREN

Lust, die Besonderheiten der Region zu entdecken? Dann sind die Erlebnistouren genau das Richtige für dich! Ganz einfach wird es mit der MARCO POLO Touren-App: Die Tour über den QR-Code aufs Smartphone laden – und auch offline die perfekte Orientierung haben.

❶ OMAN PERFEKT IM ÜBERBLICK

- ➤ Basare, Wadis und Wüste rund um Muscat erkunden
- ➤ Unter Segeln an der herrlichen Fjordküste von Musandam
- ➤ Baden und relaxen an den Traumstränden des Südens

📍 Muscat 🏁 Salalah

→ ca. 3000 km 🚗 16 Tage, reine Fahrzeit 32 Stunden

ℹ️ Starttag: Samstag, wg. Mittwochsmarkt in Ibra (Tag 5) und Viehauktion am Freitag in Nizwa (Tag 7). ⓮ **Jebel Akhdar**: Abholung durchs vorher (!) gebuchte Berghotel; Abholung nach Wanderung **al-Aqur** und **Sayq** verabreden.

Einfach QR-Code scannen und alle Karten & Infos zu unseren Touren auch unterwegs parat haben!
go.marcopolo.de/oma

Wie ein feuchter Traum: das Wadi Shab

EINSTIEG IN DIE ARABISCHE WELT IN MUSCAT

Gönn dir zu Beginn zwei Tage Zeit zum Akklimatisieren in der Hauptstadt ❶ Muscat ➤ S. 44 in der Lana Villa *(lanavilla-oman.com), bevor du nach Osten aufbrichst.*

WO DIE DHAUS GEBAUT WERDEN

Das Blau des Wassers im Stausee steht in prächtigem Kontrast zu den umliegenden kargen Bergen im ❷ Wadi Dayqah. Hier kann man „nur" gucken, im ❸ Wadi Shab ➤ S. 85 dagegen auch ein bisschen wandern oder an schönen Stellen baden. *Die Staatsstraße 17 bringt dich danach nach* ❹ Sur ➤ S. 82, wo du die würzige Luft der historischen Dhauwerften ➤ S. 82 im Licht der untergehenden Sonne genießt. Den Bärenhunger stillst du mit frischem Fisch im Arabian Sea Restaurant ➤ S. 83, bevor du das müde Haupt auf die Kissen im Al-Ayjah Plaza Hotel *(Tel. 25 54 44 33)* bettest.

IM WADI BADEN, IN DER WÜSTE SCHLAFEN

Hinkommen ist *auf der Staatsstraße 23* kein Problem – aber sei gewarnt: Es wird nicht leicht sein, die herrlichen Felsenpools unter Palmen im ❺ Wadi Bani Khalid ➤ S. 81 wieder zu verlassen. Helfen wird höchstens die Vorfreude auf unvergessliche Stunden mit Kame-

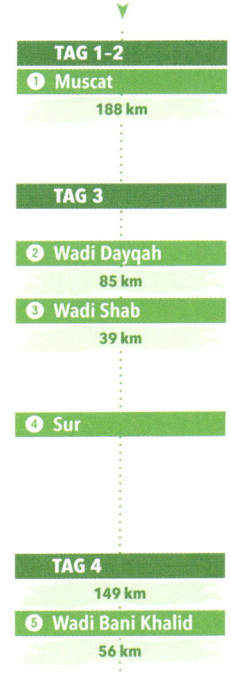

TAG 1-2
❶ Muscat
188 km

TAG 3
❷ Wadi Dayqah
85 km
❸ Wadi Shab
39 km

❹ Sur

TAG 4
149 km
❺ Wadi Bani Khalid
56 km

❻ Wahiba-Wüste	len im weichen Nachmittagslicht der ❻ **Wahiba-Wüste** ➤ S. 80 und eine Nacht unter dem funkelnden Wüstenhimmel im **Nomadic Desert Camp** ➤ S. 81. (hier ist kein 4x4-Fahrzeug nötig, da du abgeholt wirst).

INSIDER-TIPP
Staunen unterm Sternenzelt

ÜBER DEN MARKT UND IN DEN SOUK

TAG 5	Jetzt aber mal sehen, wie die Menschen hier so einkaufen! Ein toller Markt mit frischem Obst und Gemüse ist in ❼ **Ibra** ➤ S. 79, den du an einem Mittwoch besuchen solltest, weil die Frauen der Region zusätzlich ei-
36 km	
❼ Ibra	
146 km	

ERLEBNISTOUREN

nen gesonderten Markt abhalten. Da gibt's dann z. B. selbst gemachte Kosmetika zu kaufen. Die nächste Stadt ist der omanische Inbegriff für einen traditionellen Souk: ❽ Nizwa ➤ S. 68. *Auf guten Überlandstraßen kommst du hin*, dann kannst du in deinem Hotel für die nächsten beiden Nächte, dem Falaj Daris *(falajdaris hotel.com)*, Pools und Abendessen genießen.

AUF ZUR SCHÖNSTEN ALLER FESTUNGEN

Heute geht's erst mal in die Umgebung: zum sprichwörtlich magischen Ort ❾ Bahla ➤ S. 76 und zur Perle omanischer Festungen, ❿ Jabrin ➤ S. 77. *Auf dem Rückweg bietet sich eine Pause in* ⓫ Bahla *an, im Restaurant in der Ortsmitte an der Nizwa-Ibri-Straße südlich der Dhofar Bank*. Jetzt ein kurzes Nickerchen? *Nach* ⓬ Tanuf ➤ S. 72 *sind's nur 20 km und auf der Rückseite der Ruinenstadt steht eine große* Sykomore – der Maulbeerfeigenbaum ist ein idealer Kraftort zum Energietanken! Ab 15.30 Uhr ist bestes Ruinen-Fotolicht. Der Abend gehört ⓭ Nizwa und seinem Souk ➤ S. 71.

INSIDER-TIPP: Ökologische Seelentankstelle

BEIM FEILSCHEN VON DEN PROFIS LERNEN

Raus aus den Federn, früh gefrühstückt und los – es ist Freitag, d. h. große Viehauktion in Nizwa, *das* Event der Woche. Frühaufsteher werden mit schönem Licht belohnt und mit ausreichend Zeit, um Datteln zu probieren, Silberschmuck zu kaufen und das nahe Fort ➤ S. 70 zu besuchen. Um 12 Uhr ist alles vorbei und du machst dich *auf den Weg zum* ⓮ Jebel Akhdar ➤ S. 73. *Unten bei der Polizeistation wirst du von einem Wagen des* Sahab Hotel *(sahabresort.com) abgeholt, oben angekommen gönnst du dir eine Mittagspause im guten indischen Restaurant neben der Tankstelle (in Sayq). Eine kurze Fahrt auf guter Straße führt zum* Wadi Bani Habib. Ein kurzer Spaziergang verläuft *durch einen Garten mit Walnussbäumen*.

FOTOSAFARI IN FRISCHER BERGLUFT

Zwischen den Dörfern al-Aqur (nahe dem Sahab Hotel) und Sayq verläuft ein unverbauter, lockerer Wander-

❽ Nizwa

TAG 6
53 km

❾ Bahla
7 km

❿ Jabrin
7 km

⓫ Bahla
19 km

⓬ Tanuf
29 km

⓭ Nizwa

TAG 7

67 km

⓮ Jebel Akhdar

TAG 8
202 km

⑮ **Muscat**

380 km

TAG 9–12

⑯ **Musandam**

1270 km

⑰ **Salalah**

TAG 13–16

59 km

⑱ **Blowholes**

5 km

⑲ **Fazayah Beach**

76 km

⑳ **Grab des Hiob**

64 km

㉑ **Taqah**

9 km

㉒ **Sumhuram**

9 km

weg *zwischen den Terrassenfeldern*. Kamera nicht vergessen, denn so schön kannst du zu Hause gar nicht erzählen, wie es da oben aussieht. Mittags geht es über *die Route Nr. 15 direkt zurück nach* ⑮ Muscat ➤ S. 44, wo du wieder in der Lana Villa übernachtest.

VOM DECK DER DHAU HINAUF IN DIE BERGE

Ein kurzer Flug bringt dich zu den „Köpfen der Berge", wie die Halbinsel ⑯ Musandam ➤ S. 106 übersetzt heißt. Nach einem entspannten ersten Tag im Atana Musandam Resort *(atanahotels.com)* erkundest du am nächsten Morgen (Tag 10) mit einer Dhau den Khor Shimm. Die Agenturen für diesen Bootstrip ➤ S. 112 bieten für den nächsten Tag (Tag 11) einen famosen Ausflug mit dem Geländewagen in die Berge (vorab buchen!). Am Morgen des vierten Tags (Tag 12) *fliegst du nach Muscat und steigst dort in die Mittagsmaschine für deinen Strandurlaub in* ⑰ Salalah ➤ S. 92. Einchecken im Crown Plaza Hotel *(ihg.com/crowneplaza)* und dann rein in die Wellen des Indischen Ozeans.

STRANDTAGE ZWISCHEN WEIHRAUCHBÄUMEN

Erst ein Morgenspaziergang im Sand, und dann: Wo war die Liste mit den Mitbringseln? Nichts wie los zum Weihrauchmarkt ➤ S. 97. Da gibt es wunderbare Duftöle gegen graue Novembertage und in einem der drei jemenitischen Restaurants frisches Brot und Fleischspieße! Danach *auf der Küstenstraße gen Westen,* die ⑱ Blowholes ➤ S. 105 in Mughsail erleben und sich dann von der ⑲ Fazayah Beach ➤ S. 105 zum Nichtstun verführen lassen. Aber nicht zu lange, denn *gute Straßen führen auf dem Rückweg ins Hotel in die Berge* und zum ⑳ Grab des Hiob (Job's Tomb) ➤ S. 103 mit schöner Aussicht. Der nächste Tagesausflug *führt in die entgegengesetzte Richtung,* zur schnuckeligen Festung von ㉑ Taqah ➤ S. 99, danach zum antiken Weihrauchhafen ㉒ Sumhuram ➤ S. 100 und zum Schluss ins Naturparadies

Klein, aber fein: die Festung Taqah

ERLEBNISTOUREN

des ㉓ Wadi Darbat ➤ S. 101. Und nur, weil das Programm zu Ende ist, musst du doch noch nicht heimreisen – ein paar Badetage sind schon noch drin in ㉔ Salalah, oder?

㉓ Wadi Darbat
41 km
㉔ Salalah

❷ BATINAH, BURGEN UND BERGE

➤ Nase zu und durch: die bunte Welt der Fischauktion in Barka
➤ Wandern und planschen im Wadi Abyad
➤ Erst baden, dann in See stechen und die Vogelinseln erkunden

📍 Barka 🏁 Daymaniyat-Inseln
→ 339 km 🚗 2 Tage, reine Fahrzeit: 4,5 Stunden
ℹ Im Wadi: Steine im Wasser können rutschig sein!

STRAFFES PROGRAMM AM ERSTEN TAG

Ok, so gleich nach dem Frühstück ist der Fischgeruch gewöhnungsbedürftig, aber die morgendliche Auktion am Strand von ❶ Barka ➤ S. 62 bietet tolle Motive. Im gut ausgeschilderten schmucken Rastschlösschen ❷ Bait Naaman ➤ S. 64 mit seiner schlanken Silhouette ist die Luft gleich besser, besonders oben auf den Zinnen mit Aussicht. *Die Staatsstraße 13 führt dich dann zur Festung von* ❸ Nakhl ➤ S. 65 mit ihren Verliesen und wohnlich eingerichteten Zimmern. Herrlich duftet es *auf dem kurzen Weg von der Festung zu den heißen Quellen von* ❹ Ain Thowarah ➤ S. 65, denn rechts und links der Straße blühen jede Menge Bougainvilleen. Die Quellen sind das ideale Plätzchen für eine Pause im kleinen indischen Restaurant neben dem Parkplatz. Danach bist du gestärkt für eine Wanderung im ❺ Wadi Abyad ➤ S. 68. *Um es zu erreichen, biegst du etwa 11 km hinter Nakhl von der Staatsstraße 13 rechts nach Subaykha ab.* Spätestens um 15 Uhr solltest du im Wadi sein, denn dann hast du genügend Zeit für ein

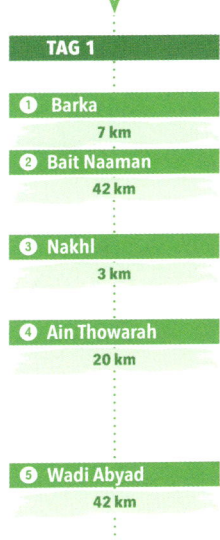

TAG 1

❶ Barka
7 km
❷ Bait Naaman
42 km
❸ Nakhl
3 km
❹ Ain Thowarah
20 km
❺ Wadi Abyad
42 km

6 Rustaq

TAG 2
32 km

7 al-Hazm
26 km

8 al-Hoqain
4 km

9 Wadi al-Hoqain
72 km

10 Strand von Sawadi
34 km

11 Daymaniyat-Inseln

Bad in den kleinen Pools, erlebst die roten Felsen in der Abendsonne und kommst immer noch rechtzeitig nach **6 Rustaq** ➤ S. 66, wo du im **Al Shimookh Tourist Resthouse** *(Tel. 26 87 70 71)* übernachtest.

DARF'S 'NE FESTUNG MEHR SEIN?
Nach einem genüsslichen Frühstück schaust du kurz bei der heißen Quelle von **Ain al-Kasfah** *im gleichnamigen Vorort* vorbei, deren Wassertemperatur fast 50° C beträgt, bevor du Rustaqs Festung **Qalaat al-Qesra** ➤ S. 66 besuchst. Das verwinkelte Fort beherbergt das Grab von Ahmad bin Said al-Busaidi, dem Begründer der heutigen Regierungsdynastie. *Nur eine Viertelstunde Fahrt Richtung Küste liegt linker Hand der Staatsstraße 11 die mächtige Festung* **7 al-Hazm** ➤ S. 66, die wegen der vielen Details etwas mehr Zeit verdient. Und jetzt, noch eine? Ja, aber eine verfallene, in die du nicht rein darfst, die aber interessante Architektur aufweist: 25 km sind es nach **8 al-Hoqain** – und du kannst dich dort wie die Einheimischen im nahen **9 Wadi al-Hoqain** unter dem kleinen Wasserfall erfrischen. Es ist ein Vorgeschmack für das Bad im Indischen Ozean, das dich nach dem Spaziergang am **10 Strand von Sawadi** ➤ S. 64 bei Barka erwartet. Der Nachmittag ist wegen des Lichts die beste Zeit für einen einstündigen Bootsausflug: Vom Strand aus geht es zu den **11 Daymaniyat-Inseln** ➤ S. 64.

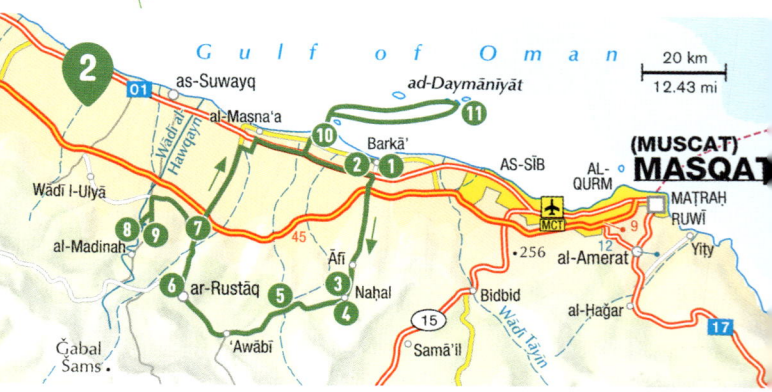

ERLEBNISTOUREN

❸ LUFTIGE HÖHEN UND TIEFE SCHLUCHTEN

➤ Unter Palmen durchs Wadi Sahtan schlendern
➤ Schwimmen, abseilen, springen: Canyoning im Wadi Bimah
➤ Pistenabenteuer am Jebel Shams – Offroadfahrt auf 2000 Meter

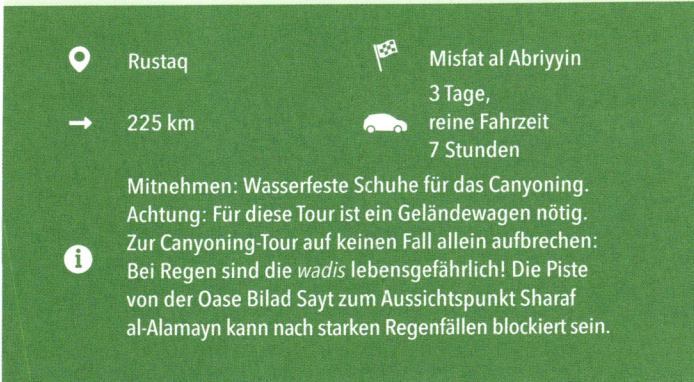

📍 Rustaq 🏁 Misfat al Abriyyin

→ 225 km 🚗 3 Tage, reine Fahrzeit 7 Stunden

ⓘ Mitnehmen: Wasserfeste Schuhe für das Canyoning. Achtung: Für diese Tour ist ein Geländewagen nötig. Zur Canyoning-Tour auf keinen Fall allein aufbrechen: Bei Regen sind die *wadis* lebensgefährlich! Die Piste von der Oase Bilad Sayt zum Aussichtspunkt Sharaf al-Alamayn kann nach starken Regenfällen blockiert sein.

DSAS WADI MIT DEM WASSER

Nach einem herzhaften Frühstück in ❶ Rustaq ➤ S. 66 geht es *auf der Staatsstraße 10 (Rustaq-Miskin-Road) zum* ❷ Wadi Sahtan ➤ S. 68, das noch immer eins der schönsten Täler im nördlichen Oman ist, denn es führt ganzjährig Wasser und erlaubt eine üppige Vegetation, darunter Akazien und Schilfgräser. *Steig aus, spazier immer mal wieder im Schatten der Palmen* und schau nach oben – an den unmöglichsten Stellen stehen Hausruinen an den Felskanten. *Straße und Piste führen dich nach ca. 10 km in die* Sahtan Bowl, eine große Ebene mit kleinen Dörfern umringt von steil aufragenden Bergen. *Rechter Hand erkennst du die Radarstation des Militärs auf dem Jebel Shams. Kurz darauf verengt sich die Route wieder – du bist im* ❸ Wadi Bani Awf ➤ S. 68 wo du heute auch in einem Camp übernachten wirst. Doch zunächst trifftst du deinen Guide für die ca. vier- bis fünfstündige Canyoning-Tour *(Arab Adventures | Tel. 24 45 23 11 | arab-adventures.com) durch das* ❹ Wadi Bimah, besser bekannt als *Snake*

TAG 1

❶ Rustaq
14 km
❷ Wadi Sahtan
33 km

❸ Wadi Bani Awf
15 km

❹ Wadi Bimah
4 km

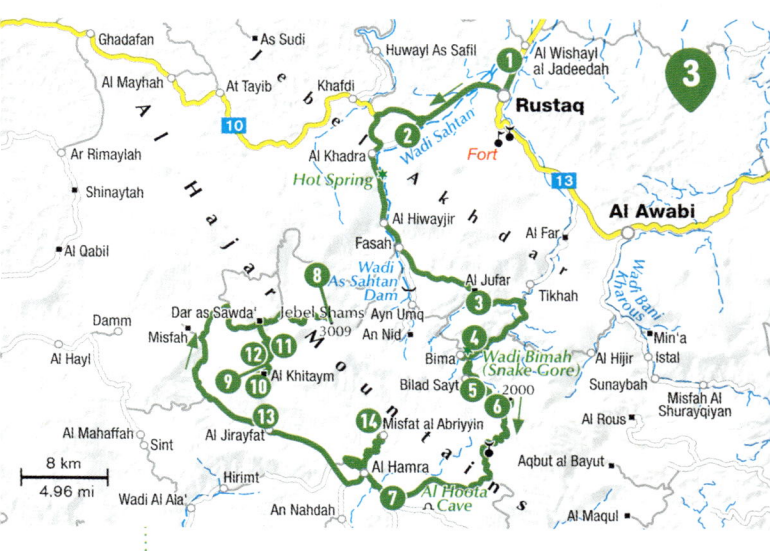

Gorge (Schlangenschlucht). In der tiefen, schmalen Schlucht heißt es immer wieder schwimmen, abseilen oder springen und selbst im Sommer ist es hier kühl. Mit einem Adrenalinspiegel jenseits von Gut und Böse geht es dann weiter zum gemütlichen **Camp im Wadi Bani Awf** *(auf baitbimah.omantrekkingguides.com buchen).*

GUTE NERVEN UND TRAUMAUSSICHTEN

TAG 2	
❺ Bilad Sayt	
13 km	

Die ersten steilen Pistenkilometer des neuen Tags bringen dich zur Bergoase ❺ **Bilad Sayt**. Steig aus, nimm dir Zeit für den Ort, bewundere die grünen Felder in der leuchtenden Morgensonne und hol nochmal tief Luft. *Denn jetzt geht's bergauf.* Du hast hoffentlich noch etwas Adrenalin übrig, denn die Piste wird steil und staubig – aber *wenn du auf 2000 m Höhe am* ❻ **Sharaf**

❻ Sharaf al-Alamayn	
13 km	

al-Alamayn ➤ S. 74 *angekommen bist, wirst du staunen, über dich und den fulminanten Blick über die Schluchten und Gipfel des westlichen Hajar.* Hast du dir verdient! *Eine gute Asphaltstraße führt dich hinab zur Oase* ❼ **al-Hamra** ➤ S. 74 *mit ihren bis zu 400 Jahre*

❼ al-Hamra

alten Lehmhäusern, dem Museum **Bait al-Safah** und dem **Restaurant** *am südlichen Ortseingang auf der lin-*

ERLEBNISTOUREN

ken Seite, wo du dir einen frischen Saft gönnst. Die Fahrt auf den ❽ Jebel Shams ➤ S. 75 – mit 3009 m der höchste Gipfel – ist entspannt, wie die Nächte im Jebel Shams Resort *(Tel. 99 38 26 39 | jebelshamsresort. com | €–€€)* mit Bungalows, Zelten und Pool. Es liegt nah am ❾ Aussichtspunkt ins Wadi Nakhar ➤ S. 75, den „Grand Canyon" Omans. Zum Startpunkt der morgigen Wanderung ist es nur eine kurze Fahrt.

SO TOLL IST OMANS WELT DER BERGE

Die Wanderung auf dem Balcony Walk ist toll, weil leicht, und die 250 m Höhenunterschied sind ein Klacks. *Los geht's bei dem kleinen Dorf* ❿ Al Khitaym, *Ziel ist das verlassene* ⓫ Sab *am oberen Rand des Wadi Nakhar.* Selbst wenn du trödelst, brauchst du hin und zurück nur entspannte vier Stunden – nimm trotzdem genug Wasser mit. Mit dem Auto geht es nach der Mittagspause im ⓬ Jebel Shams Resort *die gleiche Strecke wie am vorherigen Tag wieder hinab.* Unten angekommen, gönnst du dir einen Blick in das hier schmale ⓭ Wadi Nakhar ➤ S. 75. Wenn es nicht geregnet hat, führt eine schmale Piste tief hinein, sonst heißt es umkehren. Der Nachmittag und Abend gehören der wunderschönen Bergoase ⓮ Misfat al Abriyyin ➤ S. 74, wo du im einfachen, aber gemütlichen Misfah Old House *(Tel. 92 80 01 20 oder 99 33 84 91 | €)* eine unvergessliche Nacht verbringst.

---

60 km
- ❽ Jebel Shams

15 km
- ❾ Aussichtspunkt in Wadi Nakhar

TAG 3

4 km
- ❿ Al Khitaym

3 km
- ⓫ Sab

3 km
- ⓬ Jebel Shams Resort

30 km
- ⓭ Wadi Nakhar

17 km
- ⓮ Misfat al Abriyyin

Spektakuläre Wanderung: auf dem Balcony Walk durchs Felsenland

❹ DAS WADI UND DIE WÜSTE

- ➤ Mit dem Auto (fast) durch die Brandung des Indischen Ozeans
- ➤ In der Rub al-Khali: Wüstenhimmel mit Sternenzelt
- ➤ Wo die Weihrauchbäume wachsen

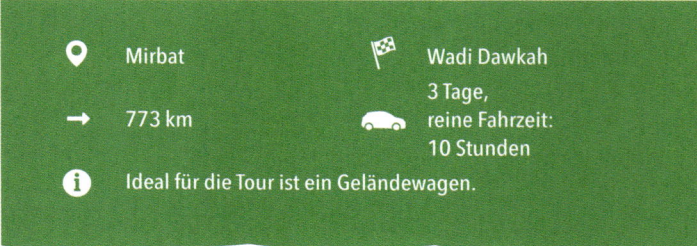

📍 Mirbat	🏁 Wadi Dawkah
➜ 773 km	🚗 3 Tage, reine Fahrzeit: 10 Stunden

ℹ️ Ideal für die Tour ist ein Geländewagen.

TAG 1
❶ Mirbat
215 km

ALS MAN NOCH MIT KORALLEN HÄUSER BAUTE
Los geht's morgens in ❶ Mirbat ➤ S. 102. Achte bei den alten Häusern auf das Baumaterial – das ist Korallengestein und war früher typisch für diese Region. Nach einer Stippvisite bei den Fischern im Hafen *geht's auf der Straße Nr. 52 für 50 km durch das Landesinnere.* Bis *Hasik* ➤ S. 102 fährst du an einigen Stellen gefühlt fast durch die Brandung des Indischen Ozeans, die sich an den Felsen neben der Straße spektakulär aufbäumt.

DIE TRAUMSTRASSE AM UFER DES MEERES
Hasik darfst du links liegen lassen. Auf den folgenden 80 km erfährt der Begriff Straßenbaukunst eine völlig neue Definition. Was den Schweizern ihr Gotthardtunnel ist für Oman diese atemberaubende Straße entlang der Küste. In ❷ Shuwaymiyah ➤ S. 102 stärkst du dich in einem der indischen Restaurants und fährst, wenn das grelle Licht weicher wird, ins herrliche ❸ Wadi Shuwaymiyah. Da du im Guesthouse *(Tel. 99 10 11 00)* von Shuwaymiyah übernachtest, hast du keine Eile und kannst die wunderbare Natur des *wadis* genießen.

❷ Shuwaymiyah
12 km
❸ Wadi Shuwaymiyah

LAGERFEUER IN DER WÜSTENEINSAMKEIT
Heute morgen bietet zwar die Landschaft rechts und links der Landstraße eher wenig Abwechslung, aber bei ❹ Marmul fährst du durch einen Wald „nickender

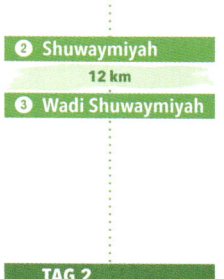

TAG 2
114 km
❹ Marmul

ERLEBNISTOUREN

Esel", die das Öl aus 3000 m Tiefe hochpumpen – so nah kommst du sonst nirgends an die Dinger ran. In ❺ **Thumrait** belohnst du dich mit einem Mittagessen in einem Restaurant *gegenüber der am südlichen Ortsrand gelegenen Shell-Tankstelle* und triffst hier deinen Guide **Musallim** *(Tel. 99 49 51 75)*. Der bringt dich sicher in die größte Sandwüste der Erde, in die ❻ **Rub al-Khali (Leeres Viertel)** ➤ S. 103. Bei Lagerfeuer, Tee und tausend Sternen erlebst du die unvergessliche Magie der Stille einer Wüstennacht.

INSIDER-TIPP: Sonnengruß in der Wüste

ZEITREISE IN DIE ANTIKE
Keine Worte geben die Schönheit eines Sonnenaufgangs über der Wüste wieder. Steh also früh auf! Nach einem gemütlichen Frühstück geht es dann *auf gleicher Strecke wie gestern zurück Richtung Thumrait,* diesmal *hältst du aber in* ❼ **Ubar** ➤ S. 103 an. um dir in aller Ruhe die Ruinen der antiken Karawanenstadt anzusehen. Bei der Mittagspause *in Thumrait* hat dich die Zivilisation wieder. Nach dem Essen schnupperst du unbedingt noch im ❽ **Wadi Dawkah** ➤ S. 103 an den exotischen Weihrauchbäumen.

- ❺ **Thumrait** — 123 km
- ❻ **Rub al-Khali**
- **TAG 3** — 29 km
- ❼ **Ubar** — 126 km
- ❽ **Wadi Dawkah**

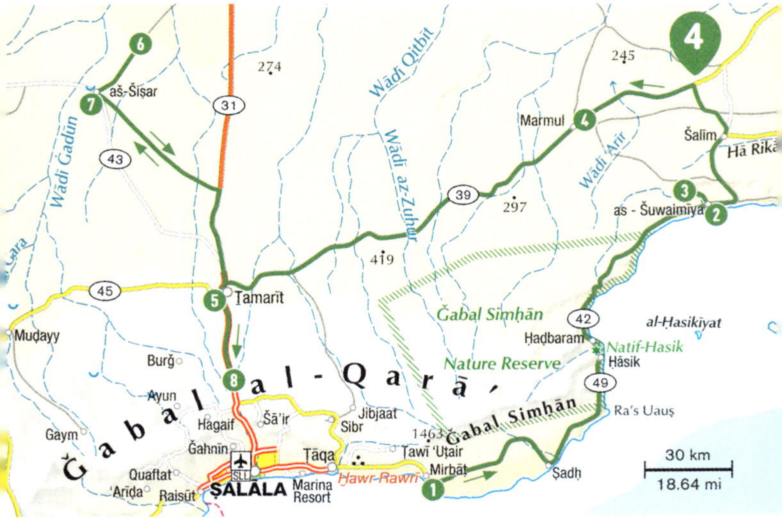

GUT ZU WISSEN
DIE BASICS FÜR DEINEN URLAUB

ANKOMMEN

ANREISE
Direktflüge mit Oman Air *(omanair.com)* kosten je nach Saison zwischen 650 und 900 Euro, dauern ca. 6,5 Stunden und gehen fast täglich ab München, Frankfurt oder Zürich nach Muscat. Direktverbindungen nach Salalah gab es bei Redaktionsschluss nur per Charterflug, Lufthansa fliegt Muscat derzeit nicht direkt an.
Weitere Fluggesellschaften (mit günstigeren Umsteigeverbindungen) sind Emirates *(emirates.com)* via Dubai, Etihad Airways *(etihad.com)* via Abu Dhabi und Qatar Airways *(qatarairways.com)* via Doha; alle drei Fluggesellschaften fliegen von verschiedenen deutschen Flughäfen und auch ab Wien und Zürich. Swiss *(swiss.com)* startet ab Zürich ebenso wie Turkish Airlines *(turkishairlines.com)*, hier gehen die Flüge via Istanbul.

+ 3 Stunden Zeitverschiebung

Während der Sommerzeit in Europa plus 2 Stunden.

Adapter Typ G

Du brauchst einen dreipoligen Adapter, meist Typ G. Eine kleine Mehrfachleiste ist sinnvoll.

AUSKUNFT
Im Land selbst gibt es keine Informationsstellen. Aber du kannst durchaus bei einer Polizeistation nach dem Weg fragen oder dich nach Sehenswürdig-

Rushhour à la Oman

keiten erkundigen – die Beamten sind gern behilflich. Das omanische Tourismusministerium hat eine Vertretung in Deutschland: *Sultanate of Oman: Ministry of Tourism | c/o Interface International GmbH | Gertraudenstr. 10–12 | 10178 Berlin | Tel. 030 42 08 80 12 | omantourism.de*

EINREISE & WEITERREISE

Derzeit bekommen Deutsche, Schweizer und Österreicher am Flughafen Muscat das Visum noch bei der Einreise, das kann sich aber jederzeit ändern. Das Visum kann problemlos online beantragt werden, entweder über die englischsprachige Webseite der *ROP (Royal Oman Police | evisa.rop.gov.om)* oder über diverse deutschsprachige Internetseiten, die einen durch die Antragstellung führen. In der Regel dauert die Bearbeitung nur wenige Tage. Wichtig: Der Reisepass muss mindestens sechs Monate über das Reiseende hinaus gültig sein. Die Visa kosten 5 RO (10 Tage) oder 20 RO (30 Tage). PKW-Reisende nach Musandam oder in die Emirate bekommen Visa an den Grenzen. Dubai und Oman erkennen ihre Visa gegenseitig an, wer also nach einem Zwischenstopp in Dubai nach Oman weiterfliegt oder -fährt, braucht zwar kein neues, muss aber bereits bei der Einreise in Dubai die Weiterreise nach Oman angeben und sich einen Aufkleber in den Pass geben lassen. Ohne den muss für Oman ein Visum bezahlt werden.

Verboten ist die Einfuhr frischer Lebensmittel und von pornografischem Material – aufpassen bei relativ freizügigen Titelbildern deutscher Magazine! 2 l Spirituosen pro Familie (!) sind frei.

KLIMA & REISEZEIT

Das Klima in Oman ist im Wesentlichen zweigeteilt. In den heißen Sommermonaten von April/Mai bis September steigt das Thermometer auf Temperaturen von bis zu 50° C. Im Landesinneren ist es dann sehr trocken, an der Küste kommt eine hohe Luftfeuchtigkeit erschwerend hinzu. In den Wintermonaten bewegen sich die Tagestemperaturen bei angenehmen 25-30° C und die Luftfeuchte fällt kaum ins Gewicht. In der Stadt Salalah liegen die Temperaturen ganzjährig um die durchschnittlich 30° C, denn von Mai/Juni bis in den September hinein sorgt der Monsun für Abkühlung, allerdings bei nahezu 100 Prozent Luftfeuchtigkeit. Die beste Reisezeit ist in den Monaten von Oktober bis März.

WEITER-KOMMEN

AUTO
Autofahren ist in Oman kein Problem. Es wird rechts gefahren, die Straßen sind in gutem Zustand, die Benzinversorgung ist dank des dichten Tankstellennetzes auch in abgelegeneren Regionen gesichert und die Ausschilderung in Englisch. Das Mindestalter für Fahrer ist 18, bei Geländewagen 25 Jahre, ein internationaler Führerschein ist nicht nötig. Es gilt Anschnallpflicht vorne und hinten, es gibt Radarkontrollen, die Strafen sind empfindlich und Alkohol am Steuer bedeutet Gefängnis! In den Kreisverkehren hat Vorfahrt, wer im Kreisverkehr ist, und bei Regen sollte man langsamer fahren, weil es rutschig werden kann.

Kommt dir ein Fahrzeug mit Warnblickanlage entgegen oder warnt dich mit der Lichthupe, bedeutet das meistens „Kamele auf der Straße". Dann sofort runter mit der Geschwindigkeit und die Tiere nur langsam überholen, die sind unberechenbar. Wer mit dem Mobiltelefon am Steuer erwischt wird, geht für zehn Tage ins Gefängnis und zahlt 300 RO Strafe (rund 700 Euro).

MIETWAGEN
Alle großen internationalen Mietwagenfirmen sind in Oman vertreten, dazu eine Reihe nationaler Firmen, die Fahrzeugflotten sind modern. Ein Mietwagen (PKW) kostet zwischen 30 und 60 Euro pro Tag, ein Geländewagen ca. 120 Euro – trotz des höheren Preises ist ein 4x4 empfehlenswert. Es lohnt sich, die Preise zu vergleichen und schon im Heimatland einen Wagen zu buchen.

Wer mit einem Leihwagen von Oman aus in die Emirate fahren möchte, muss unbedingt einen zusätzlichen Versicherungsschutz abschließen. Einige Autovermieter gestatten allerdings derzeit keine Fahrten ins Ausland mit ihren Fahrzeugen.

ÖFFENTLICHE VERKEHRSMITTEL
Das gängigste Verkehrsmittel in den Städten sind Taxen, für Überlandreisen z. B. nach Salalah, Nizwa oder Dubai (VAE) bieten sich die Busse der staatlichen Gesellschaft *Mwasalat* (mwasalat.om) an.

GUT ZU WISSEN

FESTE & EVENTS
RUND UMS JAHR

RELIGIÖSE FESTTAGE

In Oman richten sich die wichtigsten weil religiösen Feiertage nach dem islamischen Mondkalender und der ist elf Tage kürzer als „unser" Sonnenkalender. Deshalb (ver-)schieben sich die Feiertage durch das Jahr.

Ramadan: Fastenmonat, in den Hotels arbeiten Restaurants und der Zimmerservice. 2023: 22. März bis 20. April, 2024: 10. März bis 9. April

Eid al-Fitr: wird am Ende des Fastenmonats für drei bis vier Tage gefeiert. Beginn 2023: 21. April, 2024: 10. April

Maulid al-Nabi: Geburtstag des Propheten Mohammed. 2023: 27. Sept., 2024: 16. Sept.

Lailat al-Miraj: wird anlässlich der Himmelfahrt *(miraj)* des Propheten gefeiert. 2023: 18. Feb., 2024: 8. Feb.

Eid al-Adha: das Opferfest am Ende des Pilgermonats. 2023: 28. Juni, 2024: 16. Juni

Ras al-Sana: das islamische Neujahrsfest. 2023: 19. Juli, 2024: 7. Juli

VERANSTALTUNGEN

JANUAR/FEBRUAR
Muscat Festival: ein vierwöchiges Volksfest mit typischen Tänzen und Gesängen. *muscat-festival.com*

FEBRUAR
Tour of Oman: sechstägiges Radrennen rund um Muscat. *tourofoman.com*

MÄRZ
Sultan Camel Race Cup: dreitägiges Kamelrennen nahe Barka
Muscat International Film Festival: nächster Termin vorauss. 2024

JULI/AUGUST
Khareef Festival: Volksfest in Salalah vom 15. Juli bis 31. August

NOVEMBER
18. November, Geburtstag von Sultan Qaboos: Nationalfeiertag
Oman Desert Marathon: Wüsten-Marathon. *marathonoman.com*

TAXI

Wenn Taxen von privaten Fahrern betrieben werden, sind sie weiß mit orangefarbenen Kotflügeln und einem Schild auf dem Dach und müssten alle ein Taxameter haben. Wenn nicht – aus welchem Grund auch immer – musst du entweder noch vor der Fahrt den Preis aushandeln oder ein anderes Fahrzeug nehmen. Der Basispreis bei den blauweißen Flughafentaxen beginnt bei 3 RO, eine Fahrt nach Muttrah kostet ca 10 RO.

IM URLAUB

BADEN

Oman hat tolle Badestrände und auch einige *wadis* bieten herrliche Schwimmgelegenheiten. So komfortable Dinge wie Duschen, Restaurants und Liegen gibt es allerdings nur an Hotelstränden, die man gegen Gebühr auch als Nichtgast nutzen kann. In Salalah sind die Strände am schönsten, achte aber unbedingt auf die Strömung!

BANKEN, GELD & PREISE

Bargeld wechselt man am besten in einer der offiziellen Wechselstuben, die es in jeder größeren Stadt gibt. Am unkompliziertesten ist es, Bares mit der Kreditkarte oder der EC-Karte (mit Maestro- oder Cirrus-Zeichen, kein V-Pay) an den Geldautomaten z. B. von *NBO (National Bank of Oman)* oder *Bank Muscat* zu ziehen. Du kannst auch fast überall problemlos mit der Kreditkarte bezahlen. Abhebungen mit der EC-Karte sind meist teurer als mit der Kreditkarte.

Die Währung des Oman ist der Rial (RO), der unterteilt ist in baiza (bz), allerdings nicht in hundert, sondern in tausend, d. h. 1 RO = 1000 baiza. Das kann zu Verwirrung führen: So kostet eine Packung Weihrauch 1000 RO – das sind aber nicht 1000, sondern es ist nur ein Rial! Oman ist kein billiges Reiseland, das merkt man an den Hotelpreisen und denen in den (Hotel)restaurants. Sehr viel günstiger isst man in den kleinen Lokalen in den Dörfern oder entlang der Überlandstraßen.

CAMPING

Offizielle Campingplätze gibt es keine, dafür darfst du dich hinstellen, wo du möchtest. Aber nicht in *wadis* – falls es regnet, besteht Lebensgefahr! In den großen Supermarktketten gibt es Campingausrüstungen wie Zelte, Stühle und Tische zu kaufen, Schlafsack und Isomatte musst du selbst mitbringen. Einige Reiseveranstalter wie z. B. *Bedu Expeditionen (bedu.de)* bieten Selbstfahrertouren inklusive kompletter Campingausrüstung an.

FOTOGRAFIEREN

Respekt und Höflichkeit gebieten auch in Oman, fremde Menschen nicht ungefragt abzulichten – hier besonders die Frauen. Im Botschaftsviertel von Muscat ist Fotografieren verboten, Angehörige von Polizei oder Militär mögen Kameras ebenfalls nicht.

FRAUEN ALLEIN UNTERWEGS

Frauen können unbedenklich alleine durch das Sultanat reisen.

GUT ZU WISSEN

GESUNDHEIT

Impfvorschriften gibt es bei der Einreise aus Europa keine, Malariaprophylaxe ist ebenfalls nicht nötig, allerdings werden Impfungen gegen Diphtherie, Tetanus und Hepatitis A und B empfohlen. Die medizinische Versorgung in Oman ist sehr gut, die Krankenhäuser und Kliniken sind sauber und sehr günstig. Die Apotheken führen alle gängigen Medikamente. Spezielle Medizin für dich persönlich solltest du jedoch mitbringen. Hygiene ist in Oman kein Problem, selbst das Leitungswasser ist trinkbar. Du kannst Trinkwasser aber auch überall kaufen. In den kleinen Restaurants am Straßenrand kannst du bedenkenlos essen, selbst Speisen wie etwa Salat, die in anderen Ländern heikel sind, sind in Oman ungefährlich.

INTERNETZUGANG & WLAN

Alle großen Hotels bieten WLAN (in Oman: WiFi). Die Verbindungen in Internetcafés sind oft langsam. Günstig und schneller ins Netz kommt man per Handy mit Prepaid-Karten der Anbieter *Omantel (omantel.om)* und *Ooredoo (ooredoo.om)*, die eine gute Netzabdeckung im Land haben. Beide haben auch Verkaufsstände an den Flughäfen Muscat und Salalah, wo man die Sim-Karten kaufen kann. Auffüllen lässt sich deren Guthaben in fast jedem kleinen Laden, Restaurants oder an Tankstellen.

KLEIDUNG

Empfehlenswert ist leichte, lockere Baumwollkleidung, welche die Oberarme bedeckt und mindestens bis zu den Knien reicht, auch bei Männern. Gegen die Sonne solltest du eine Kopfbedeckung tragen. Frauen benötigen für den Besuch der Moscheen in Muscat und Salalah ein Kopftuch.

Bei der Abgabe von moderner Funktionswanderkleidung in omanischen Wäschereien sollte man vorsichtig sein: Dort wird alles gebügelt und das vertragen die Funktionsstoffe nicht!

WAS KOSTET WIE VIEL?

Taxi	etwa 0,50 Euro *pro km, Grundtarif 2,30 Euro*
Tee	etwa 0,40 Euro *für einen Becher*
Benzin	etwa 0,60 Euro *für 1 Liter Super*
Huhn u. Reis	etwa 4–5 Euro *in einem einfachen Restaurant*
Bier	etwa 7 Euro *für 0,5 Liter*
Weihrauch	2,40–24 Euro *Tüte, je nach Qualität*

KRIMINALITÄT

Oman ist ein sehr sicheres Reiseland und es gibt vergleichsweise wenig Kriminalität. Trotzdem sollte man auch hier die üblichen Vorsichtsmaßnahmen ergreifen, also keine Wertgegenstände offen im Mietwagen liegenlassen und sie im Hotel entweder im Zimmersafe deponieren oder an der

Rezeption abgeben. Nach Einbruch der Nacht kann man sich bedenkenlos auf den Straßen bewegen.

MEDIEN

Ausländische Magazine und Zeitungen sind teuer und nur in wenigen internationalen Hotels zu bekommen. Gute englischsprachige Zeitungen sind *Oman Observer* oder *Times of Oman*.

ÖFFNUNGSZEITEN

Die in diesem Reiseführer genannten Zeiten können sich – auch spontan – ändern. Die normalen Öffnungszeiten der Geschäfte und Wechselstuben sind Sa–Do 8–13 und 16–20 Uhr. Banken haben – wie Behörden wie z. B. Konsulate – So–Do 8–14 Uhr geöffnet. Festungen und Museen folgen individuellen Öffnungszeiten, in der Regel entsprechen diese in etwa den normalen Geschäftszeiten.

Am Freitag und Samstag ist Wochenende: Freitag findet das wichtige Mittagsgebet statt, dann ist alles von ca. 11.30 bis 13 Uhr geschlossen. Am Vormittag und späten Nachmittag haben Souks, Supermärkte und Geschäfte dann wieder ganz normal geöffnet.

POST

Eine Postkarte kostet ca. 200 bz, das Porto beträgt derzeit 500 bz.. Man kann seine Post entweder an der Hotelrezeption abgegen oder in einen der roten Briefkästen werfen (Achtung, es gibt einen Schlitz für „national" und „international"), sie braucht etwa eine Woche bis nach Europa.

RESTAURANTS

Restaurants öffnen bereits gegen 10 Uhr vormittags und sind mit einer ca. 30-minütigen Unterbrechung zur mittäglichen Gebetszeit bis ca. 22 Uhr geöffnet. Freitags sind die meisten Lokale von 12 bis 12.45 wegen des Gebets geschlossen. Wie in allen öffentlichen Einrichtungen herrscht auch hier absolutes Rauchverbot.

TELEFON & HANDY

Die Landesvorwahl von Oman ist +968, dann folgt die achtstellige Rufnummer mit integrierter Städtevorwahl. Das Telefonnetz ist ausgezeichnet. Überall finden sich Kartentelefonzellen, Karten gibt es in allen kleinen Läden und Restaurants. Für Vieltelefonierer lohnt sich der Kauf einer Prepaidkarte für das eigene Mobiltelefon von *Omantel (omantel.om)* und *Ooredoo (ooredoo.om)* für etwa 5 RO mit 3 RO Gesprächsguthaben *(s. auch Internetzugang)*.

Vorwahl Deutschland: 0049; Österreich: 0043; Schweiz: 0041; danach die Ortsvorwahl ohne Null und die Rufnummer.

TOILETTEN

Die arabische Toilette besteht nur aus einer Bodenplatte aus Keramik oder Metall mit einem Loch in der Mitte und Spülung. An den Tankstellen sind die WCs in der Regel sauber. In den Hotels gibt's die gewohnten Sitztoiletten.

TRINKGELD

Trinkgeld ist in kleineren Restaurants oder bei Taxifahrern generell

GUT ZU WISSEN

nicht üblich, in den internationalen Hotels mit ihren Restaurants dagegen schon. Üblich sind etwa 10 Prozent des Rechnungsbetrags, Kofferträger bekommen pro Gepäckstück 200 bis 400 bz.

ZOLL

Nicht ausgeführt werden dürfen archäologische Fundstücke, Korallen und Fossilien *(Infos: oman.visahq.om/customs)*.
In die EU eingeführt werden dürfen: 1 l Spirituosen über 22 Prozent, 200 Zigaretten oder 250 g Tabak, 50 g Parfum und Waren im Gesamtwert von 430 Euro *(zoll.de)*.
Schweiz: 5 l Spirituosen bis 18, 1 l Spirituosen über 18 Prozent, Waren für 300 Franken und 250 Zigaretten *(ezv.admin.ch)*.

NOTFÄLLE

DIPLOMATISCHE VERTRETUNGEN
Deutsche Botschaft
Hillat al-Jazeera, Way 4911 | Muscat | Tel. 24 83 50 00 | maskat.diplo.de

Österreichische Botschaft
In Saudi-Arabien: Diplomatic Quarter Riyadh | Tel. +966 1 14 80 12 17 | aussenministerium.at/riyadh

Schweizer Botschaft
Villa 1366, Way 3017 | Shatti al-Qurum | Muscat | Tel. 24 60 32 67 | eda.admin.ch/muscat

NOTRUF
Polizei, Feuerwehr und Krankenwagen: Tel. 99 99

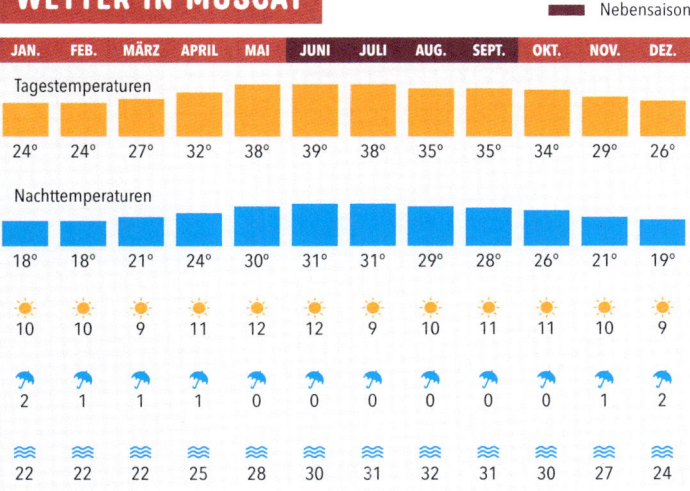

WETTER IN MUSCAT

■ Hauptsaison
■ Nebensaison

	JAN.	FEB.	MÄRZ	APRIL	MAI	JUNI	JULI	AUG.	SEPT.	OKT.	NOV.	DEZ.
Tagestemperaturen	24°	24°	27°	32°	38°	39°	38°	35°	35°	34°	29°	26°
Nachttemperaturen	18°	18°	21°	24°	30°	31°	31°	29°	28°	26°	21°	19°
Sonnenschein Stunden/Tag	10	10	9	11	12	12	9	10	11	11	10	9
Niederschlag Tage/Monat	2	1	1	1	0	0	0	0	0	0	1	2
Wassertemperatur in °C	22	22	22	25	28	30	31	32	31	30	27	24

SPICKZETTEL
ENGLISCH

NÜTZLICHES

Wo finde ich einen Internetzugang/WLAN?	Where can I find internet access/Wifi?	wär känn ai faind 'internet 'äkzäss/waifai?
Ich möchte … Euro wechseln.	I'd like to change … euro.	aid laik tu tschäindsch … iuhro
Ich möchte ein Auto/ein Fahrrad mieten.	I would like to rent a car/a bicycle.	ai wud laik tə ränt ə kahr/ə 'baisikl.
Darf ich fotografieren?	May I take a picture?	mäi ai täik ə 'piktscha?
Fahrplan/Fahrschein	schedule/ticket	'skädjuhl/'tikət
Fieber/Schmerzen	fever/pain	fihvə/peyn
Apotheke/Drogerie	pharmacy/chemist	'farməssi/kemist
kaputt/funktioniert nicht	broken/doesn't work	'brəukən/'dasənd wörk
Panne/Werkstatt	breakdown/garage	'bräikdaun/'gärasch
Hilfe!/Achtung!/Vorsicht!	Help!/Attention!/Caution!	hälp/ə'tänschən/'koschən

ZEIGEBILDER

ESSEN & TRINKEN

Die Speisekarte, bitte.	The menu, please.	Də 'mänjuh plihs
Messer/Gabel/Löffel	knife/fork/spoon	naif/fohrk/spuhn
Salz/Pfeffer/Zucker	salt/pepper/sugar	sohlt/'päppə/'schuggə
Essig/Öl	vinegar/oil	'viniga/oil
mit/ohne Eis/Kohlensäure	with/without ice/gas	wiD/wiD'aut ais/gäs
Vegetarier(in)/Allergie	vegetarian/allergy	wätschə'täriən/'ällədschi
Rechnung/Quittung	bill/receipt	bill/ri'ssiht
Ich möchte zahlen, bitte.	May I have the bill, please?	mäi ai häw De bill plihs
bar/Kreditkarte	cash/credit card	käsch/krädit kahrd

ARABISCH SPRECHEN

Ja./Nein.	na'am/la oder: kalla	نعم/لا، كلا
Bitte./Danke.	min fadlak/schukran	من فضلك/شكرا
Entschuldigung!	'afwan	عفوا
Guten Tag!/Guten Abend!	sabba l-chair/masa l-chair	صباح الخير/مساء الخير
Auf Wiedersehen!	ma'a s-salama	مع السلامه
Ich heiße …	ismi …	اسمي
Ich komme aus …	ana min …	انا من
… Deutschland.	… almania	المانيا
… Österreich./Schweiz.	… al nimsa/swizera	النمسا/سويسرا
Ich verstehe Sie nicht.	ana la afhamuka [ki]	انا لا افهمك
Wie viel kostet es?	kam jukallif dhalika	كم يكلّف ذلك
Bitte, wo ist…?	'afwan aina …	عفوا اين

1	wahid (واحد)	5	chamsa (خمسة)	9	tis'a (تسعة)
2	itnan (اثنان)	6	sitta (ستّة)	10	'aschra (عشرة)
3	talata (ثلاثة)	7	sab'a (سبعة)	20	'ischrun (عشرون)
4	arba'a (اربعة)	8	tamanija (ثمانية)	100	mia (مئة)

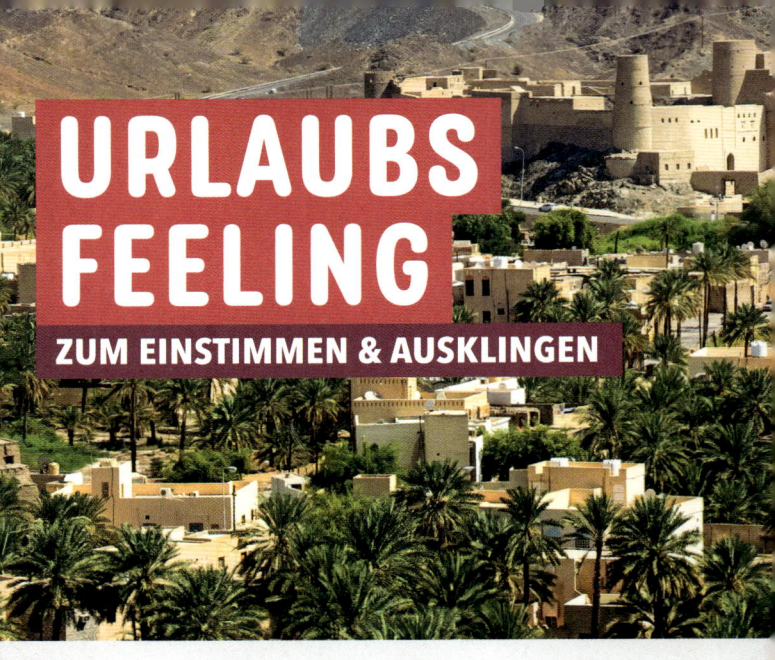

URLAUBS FEELING
ZUM EINSTIMMEN & AUSKLINGEN

LESESTOFF & FILMFUTTER

📖 CELESTIAL BODIES
Jokha Alharthi erzählt die generationenübergreifende Geschichte dreier Schwestern in Oman (2018); 2019 ausgezeichnet mit dem Man Booker International Prize.

📖 DIE BRUNNEN DER WÜSTE
Der englische Forscher Wilfred Thesiger berichtet von seinen Durchquerungen des „Leeren Viertels" zwischen 1945 und 1950 (1991).

📖 LEBEN IM SULTANSPALAST
Salme, Prinzessin aus der Al-Bu-Said-Familie, heiratet 1866 einen Deutschen und schreibt unter dem christlichen Namen Emily Ruete über das Leben in Oman (2007).

🎥 PERSONAL SHOPPER
Der Spielfilm mit Kristen Stewart entstand 2015 an Drehorten in Muscat, Nizwa und in der historischen Festung Bahla.

🎥 RELIGIÖSE TOLERANZ
Der Film, den der Regisseur Wolfgang Ettlich 2011 gedreht hat, gibt einen erhellenden Einblick in das durchaus vielfältige religiöse Leben im Oman (vimeo.com/23429747).

PLAYLIST QUERBEET

0:58

❙❙ SALIM RASHID SURI
Der Sänger und Oud-Spieler, der 1979 starb, ist auch unter dem Namen „singender Seemann" bekannt. Er fuhr tatsächlich zur See, lebte in Indien und integrierte diesen Einfluss in seine Musik.

▶ ASMA MOHAMMED RAFI
Die omanische Sängerin stammt aus einer sehr musikalischen Familie und vereint ebenfalls indische mit arabischen Klängen.

Den Soundtrack zum Urlaub gibt's auf Spotify unter MARCO POLO Oman

▶ ONE AND ONLY – SHAM MASKARI
Der Rapper schaffte es auf den ersten Platz der MTV Asia/Arabia Charts.

▶ HALLELUJA – EMAAN ZADJALI
Machte mit einer arabisch-englischen Version des Hits von Leonard Cohen auf sich aufmerksam.

▶ NEAR THE ORBIT – BELOS
Ja, auch im Oman gibt's Melodic Death Metal, wenn auch eher selten (auf Youtube und Bandcamp).

Oder Code mit Spotify-App scannen

AB INS NETZ

OMANTRIPPER
Ali Mohammadi kennt seine Heimat wie seine Westentasche und gibt dir famos bebilderte Tips, wann du wo die Natur erleben kannst.

Y-OMAN
Eine Art Online-Szenemagazin mit Veranstaltungstipps, Neuheiten, Gadgets und was sich touristisch so tut im Land.

MET.GOV.OM
Von der zivilen Luftfahrtbehörde PACA betriebene Wetterauskunft – hilfreich für alle, die Outdoor-Aktivitäten planen.

INDIAN-OCEAN.AFRICA.SI.EDU
So wie der Berliner Hermann Burchardt hat selten jemand Oman erlebt und fotografiert – eindrucksvolle Bilder aus den Jahren 1903 und 1904.

OMAN OBSERVER
Die Website der überregionalen Tageszeitung veröffentlicht unter der Rubrik „Features" Berichte über historische, kulturelle oder gesellschaftliche Besonderheiten im Sultanat.

BRAVOLOL ARABISCH
Übersichtliche Übersetzer-App

TRAVEL PURSUIT
DAS MARCO POLO URLAUBSQUIZ

Weißt du, wie Oman tickt? Teste hier dein Wissen über die kleinen Geheimnisse und Eigenheiten von Land und Leuten. Die Lösungen findest du in der Fußzeile. Und ganz ausführlich auf den S. 20–25.

❶ **Wie viele Mineralien enthält eine Dattel?**
a) Exakt 15
b) Rund 50
c) Etwa 90

❷ **Gegen welche Krankheit schützte die Dattel omanische Seeleute?**
a) Masern
b) Tropenfieber
c) Skorbut

❸ **Was bedeutet „Umm al-Faqir"?**
a) Mutter der Früchte
b) Mutter der Armen
c) Schwester der Dattel

❹ **Welche drei Kriterien definieren Beduinen?**
a) Dattelpflanzung, Kamelzucht, Oasenbewohner
b) Rinderzucht, Abstammung, Wüstenbesucher
c) Nomadenleben, Kamelzucht, Abstammung

❺ **Wer war durch seine Bildung am Aufbau der Landesverwaltung beteiligt?**
a) Einwohner von Sansibar
b) Indische Regierungsbeamte
c) Auslandsrückkehrer

Lösungen: 1b, 2c, 3b, 4c, 5a, 6b, 7c, 8a, 9b, 10c, 11a

Falls dir noch der richtige Feiertags-Dolch fehlt, schau beim Händler in Muscat vorbei

❻ Wie hoch ist der Anteil an Gastarbeitern in Oman?
a) 25 %
b) 20 %
c) 28 %

❼ Von wem ließ sich Vasco da Gama seinerzeit den Seeweg nach Indien zeigen?
a) Ghalil Jibran
b) Majid bin Ahmed
c) Ahmed bin Majid

❽ Was attestierte Marco Polo den omanischen Holzschiffen?
a) Absolute Seeuntauglichkeit
b) Hervorragende Segeleigenschaften
c) Schlechte Navigationseigenschaften

❾ Welches Bauelement führten die Portugiesen beim omanischen Schiffsbau ein?
a) Dreieckige Segel
b) Eiserne Nägel
c) Bordtoiletten

❿ Was ist meist der wertvollste Teil eines omanischen Dolches?
a) Die Silberverzierungen der Scheide
b) Das Horn des Nashorns am Griff
c) Die gekrümmte Klinge

⓫ Welche Münze wird in Oman zur Silbergewinnung eingeschmolzen?
a) Maria-Theresia-Taler
b) Queen-Elizabeth-Schilling
c) Victoria-Gulden

REGISTER

Ain al-Kasfah 122
Ain Garziz 105
Ain Hamran 105
Ain Razat 105
Ain Thowarah 65, 121
al-Aqur 116, 119
al-Athaiba 44
al-Ayn 78
al-Baleed **94**, 98
al-Hamra **74**, 124
al-Hazm (Festung) 122
al-Hoota-Höhle 73
al-Hoqain (Festung) 122
al-Khuwair 52
al-Ruus 73
al-Saleel-Gazellenreservat 87
al-Sifah 48
Amouage
  Besucherzentrum 57
as-Sifah 48
Bahla 59, **76**, 119
Bait al-Falaj (Festung) 52
Bait al-Safah 74, 124
Bait Naaman
  (Festung) **64**, 121
Bandar Khayran 37, 48
Barka **62**, 121
Batinah 58, 66
Baushar 44, **52**
Bibi-Maryam-Moschee 85
Bilad Sayt 68, 123, 124
Birkat al-Khaldiya 115
Blowholes
  (Mughsail) 105, 120
Burj al-Kibaykik 85
Bussa Beach 112
Capital Area 44
Dahariz 98
Daymaniyat-Inseln 37, 47, **64**, 122
Dhofar 88, 92
Dibba 36
Fazayah-Bucht **105**, 120
Ghubra Bowl 75
Ghul 75
Grab des Hiob
  (Job's Tomb) 120
Haima 79
Hajar-Gebirge 18, 20, 34, 44, 58, 82
Hashmaan 104
Hasik 92, 126
Hawiyat Najm Park 86
Hisn Tamah (Festung) 76
Husn al-Heem (Festung
  Nahkl) 65
Ibra 32, 33, **79**, 118
Ja'alan Bani Bu Ali 86
Ja'aluni
  (Antilopenreservat) 78

Jabrin (Festung) 77, 119
Jazirat al-Maqlab
  (Telegrafeninsel) 113
Jebel Akhdar 116, 119
Jebel Harim 115
Jebel Misht 78
Jebel Qamar 105
Jebel Shams 32, 33, 125
Job's Tomb (Grab des Hiob)
  103, 120
Khor Mughsail 94
Khor Najd 115
Khor Ruri 100
Khor Salalah 94
Khor Sham 112, 113, 120
Khuwaymah 81
Land of Frankincense 103
Madinat Sultan Qaboos 44
Majlis al-Jinn 86
Manah 72
Marina Bandar Al
  Rowdha 46, **47**, 48
Marmul 126
Masirah 37
Minzafah 79
Mirbat 37, 102, 126
Misfat al Abriyyin 125
Moqel 81
Moschee der Bibi Maryam 85
Mughsail 120
Mughsail Beach **104**, 105
Musandam 18, 36, **106**, 120
Muscat 35, 37, **44**, 117, 120, 128, 131, 132, 133
Mutrah 32, 36, 40, 44, **49**
Mutrah Corniche 44
Mutrah Souk 44, 51
Nakhl 64
Nakhl (Festung) **65**, 121
Nizwa 32, 59, **68**, 119, 130
Nizwa (Festung) **70**, 119
Nizwa (Souk) **71**, 119
Qalaat al-Qesra
  (Festung) 66, 122
Qalhat 84
Qanatab 48
Qurum 36, 44, **52**
Qurum Beach 56
Qurum
  National Park 56
Ras al-Hadd 87
Ras al-Jinz 87
Ras al-Ruways 81
Rawdah Bowl 115
Rub al-Khali 88, **103**, 127
Rustaq **66**, 122, 123
Ruwi 44
Ruwi Souk 52
Sab 125
Sahtan Bowl 123

Salalah 18, 32, 37, 89, **92**, 93, 120, 121, 130, 131, 132, 133
Salalah Beach 98
Sanaw 33
Sawadi Beach 64, 122
Sayq 73, 116, 119
Seeb 44
Sharaf al-Alamayn 75, 123, 124
Sharqiya 62, 79
Shisr 103
Shuwaimiyah 92, 102, 126
Snake Gorge (Wadi Bimah)
  123
Sohar 67
Sohar (Festung) 67
Souk al-Juma'a 52
Souk al-Luban
  (Weihrauchmarkt) 32, 93, 97, 120
Sultan Qaboos 20, 76, 92
Sumhuram **100**, 120
Sur 62, **82**, 117
Sur Masirah 81
Tanuf **72**, 119
Taqah (Festung) **99**, 120
Tawi Attair 100
Thumrait 127
Ubar **103**, 127
Wadi Abyad 68, 121
Wadi Afawl 92, 105
Wadi al-Bih 115
Wadi al-Hoqain 122
Wadi Bani Awf 68, 75, 123
Wadi Bani Habib 73, 119
Wadi Bani Khalid 117
Wadi Bimah
  (Snake Gorge) 123
Wadi Darbat **101**, 121
Wadi Dawkah 127
Wadi Dayqah 117
Wadi Hammam 65
Wadi Khasab 110
Wadi Mistal 68
Wadi Nakhar 76, 125
Wadi Nakhar
  (Aussichtspunkt) 125
Wadi Sahtan 68, 75, 123
Wadi Shab **85**, 117
Wadi Shuwaimiyah **102**, 126
Wadi Tanuf 72
Wadi Tiwi 85
Wahiba-Wüste 33, 62, 81, 118
Wakan 68
Weihrauchmarkt
  (Souk al-Luban) 32, 93, **97**, 120
Yiti 48
Zawawai.Moschee 57